OKR

OF BYTEDANCE

李阳林 著

字节跳动
目标管理法

湖南文艺出版社
HUNAN LITERATURE AND ART PUBLISHING HOUSE

博集天卷
CS-BOOKY

目录 C O N T E N T S

模块 1
MODULE

CEO 如何做好自我修炼

字节跳动
目标管理法

模块
MODULE ● CEO 如何带好队伍

推荐序 I：张一鸣的"B 面"

　　读完老同事李阳林寄来的《字节跳动目标管理法》书稿，我有一个强烈的印象，大家一直以来还是低估了张一鸣。

　　我第一次见到张一鸣是在2014年，当时他创业不足4年，公司估值大约5亿美金。聊天中，他拿起笔，在会议室黑板上画出了一张关于今日头条、关于未来媒体世界的商业版图。那时我就意识到，张一鸣是中国新一代互联网公司中的首席产品架构师，拥有完整的从创造互联网产品到架构互联网世界的能力。

　　那一年6月，《创业家》杂志专门为今日头条做了一期封面，在卷首语中我们写道：在中国群星璀璨的媒介和内容生态中，"码农"张一鸣显得低调和面目不清，但"他是那种事前就想好要做什么的人，而且会一步一步去实现想好的事情，他对他在这个世界中的站位，有清醒的认知"。

　　后来张一鸣果然把他画在黑板上的商业图景变成了现实。字节跳动成长为估值数千亿美元的超级独角兽[①]，其独创的算法和内容分发机制，甚至引来了美国的觊觎。对于张一鸣的底层创新力和系统架构能力，我们从未敢低估。黑马营中谈到"增长黑客"时，我就经常拿他作为案例。

但是这本书却让我看到了另一个张一鸣——管理大师张一鸣。实际上，即使早有预期，字节跳动的成长依然让我们震惊和好奇——它是第一个穿透了文化与阶层壁垒，征服全球用户的中国互联网公司。从印度低种姓农民到美国华尔街精英，每天数以亿计的用户沉浸在字节跳动创造的算法世界当中，这一点，当初人气极高的新浪未曾做到，技术出众的百度未曾做到，甚至就连今日的腾讯和阿里也没能做到。从今日头条、抖音，到TikTok[②]，张一鸣带领团队创造了一个又一个奇迹，如果他只是一个冷静的、用技术驱动市场的产品架构师，显然是无法做到的。

透过本书的描述，我们发现，张一鸣有一套独特的管理哲学和管理方法，他对"Z世代"（1990—2009年出生的一代人）人性的洞察，对建立高效组织的思考，以及他在商业组织创新方面的实践，都具有极高的研究价值。书中提到很多有趣的例子，比如：某年，张一鸣忽

---

① 即独角兽公司，一般指成立不超过10年，估值超过10亿美元，少部分估值超过100亿美元的企业。——本书脚注均为编者注
② TikTok为抖音的海外版。

然在微博上讨论起"团队成员家和公司的加权平均距离，是否和创业公司的成功概率统计正相关"的问题，还注意到"目前团队中步行10分钟内可以到公司的人有7位了，占20%，比去年好很多"也许字节跳动业界知名的就近租房补贴政策，正是从这种"理工男"的一次闪念中发端的。

　　一般来说，技术出身的创业者，在公司内部管理上很难有太多建树；精通管理的创业者，在技术上也多半不突出。但张一鸣却是个"另类"，他作为一名超级工程师，却又洞悉人性。借助算法、OKR[①]和飞书等工具，他把"Z世代"年轻人、高学历员工对自由工作和自我实现的强烈诉求，与柔性目标管理和创业型组织结合起来，实现了高效协作。这是中国互联网发展到数字智能阶段出现的独特现象，张一鸣——或者还有王兴——是这个世界上非常少见的能够"冰火相融"的新人类。

　　本书作者李阳林在离开创业黑马后创办舵舟[②]，专心做了一件事——破解和推广张一鸣的管理思想与方法。她以一己之力揭开了一个超级产品架构师的管理学世界，第一次让张一鸣"新人类"的一面

---

① Objectives and Key Results的缩写，即目标与关键成果法，是一套明确和跟踪目标及其完成情况的管理工具和方法。

② 舵舟：成立于2017年，以助力创业者的成长为公司长久使命，专注于为成长型创业公司提供目标管理咨询、培训、陪练服务，致力于成为全球最优秀的目标管理服务机构。

展现在我们面前。李阳林对张一鸣和字节跳动的痴迷和专注让人印象深刻。她用"笨功夫"翻遍了张一鸣2009—2015年的2200多条微博，又从海量的碎片式信息中做了大量深度挖掘、采写、筛选和整理工作，梳理出体系。

如果说，开启大家对张一鸣和字节跳动的重新认知，还是李阳林这个前媒体人职业本能的延续，那么她迈出的第二步则是一个跨界创意：围绕"张一鸣的目标管理"方法论，李阳林和舵舟团队开发出了一套咨询体系，把碎片式的思想火花变成了一种可以重复训练的创业服务项目，为中小企业提供管理咨询和内训服务。

舵舟团队的这一努力，不但有助于张一鸣创业经验和管理方法论的迅速推广与落地，而且可以直接参与到中小企业的成长实践当中，为创业者带来帮助。据我所知，已经有很多创业公司购买了舵舟的服务，并因此受益，这是对舵舟的最好回报。

明星企业往往都有它的第一推手，比如陈惠湘之于联想（《联想为什么》），田涛之于华为（《下一个倒下的会不会是华为》），吴晓波之于腾讯（《腾讯传》），范海涛之于小米（《一往无前》），等等。我相信，未来还会有很多人研究张一鸣和字节跳动，而李阳林为他们开了个好头。

牛文文（创业黑马董事长，创业黑马学院院长）

推荐序 2：创业，等于自我修炼

　　首先感谢阳林邀请我为本书作序。回想我跟一鸣认识也有15年了，当年他加入酷讯的场景还历历在目。收到书稿后，我用了一下午的时间认真地拜读了阳林用一位企业教练的视角对字节跳动目标管理法的拆解分析。我觉得本书是当下很多创业者应该认真拜读的一本创业实操手册。阳林从一鸣发的2000多条微博及朋友圈，梳理出一位优秀的创始人在创业、管理等多方面的深度思考，同时她还结合自身企业咨询的经验帮助阅读者更加清晰地理解目标管理法。这让本书读者在看他人创业故事的同时，还能通过学习将他人的管理思维运用到自身企业的管理运营中。

　　书中提到的一鸣在目标管理上的思考，和我提出的创业四品不谋而合！一个优秀的创业者应该具备超强的认知力、强大的心力、极大的格局和乐观的心态。创业本就是九死一生，在这么残酷的创业环境下，快速提升认知是首要的。例如梅花创投投资的福佑卡车的创始人单丹丹、科比特无人机的创始人卢致辉，他们都是能在发展中快速迭代，持续精进成长的创业者代表。

如何具备超强的认知力？首先创始人需要有清晰的自我认知，根据企业发展需要快速学习、自我迭代，不要盲目自信地"自嗨"式创业。本书中讲到要反惰怠、反情绪化和反过度自我强化，我想就是要持续地增强对个人和世界的认知，敢于面对自身的不足自我复盘，敢于对团队坦诚无私，这个过程需要创始人始终拥有乐观的心态和强大的心力。字节跳动从创立至今一定经历了无数次"至暗时刻"，作为创始人如果没有强大的心力和极大的格局是很难坚持下来的。

一鸣对目标管理法的运用是很多企业创始人需要借鉴的，但也不能生搬硬套，因为每个企业的基因不一样，我们需要采取的措施也不相同。对于目标管理法在企业中如何运用，个人觉得首先要具有一个自上而下的学习机制，创始人应持续做到"身先足以率人""律己足以服人"，这样团队才能达到"群体进化"的效果。从"道"和"术"两个维度去优化企业的管理，才能真正形成自己的企业文化。例如在具体实操项目上，创始人应该先定目标，制订计划，然后沙盘推演，再亲自打样，最后及时复盘，让团队成员从每一个环节的具体操作上感知企业文化，理解公司对目标管理的重视程度，将目标管理培养成团队的惯性动作。

过往梅花一直坚持投聪明的"小镇青年"，在未来也希望能投一批优秀的践行目标管理法的创业者。本书让我们更深地意识到目标管理法对于企业管理的重要性，但知易行难，就像阳明心学中提到的"知行合一"，行是知之始，希望大家通过阅读此书，真正实践做到！

吴世春（梅花创投创始合伙人）

自序：成为更好的 CEO，可复制的字节跳动目标管理法

1.
字节跳动目标管理法的缘起

早在十年前张一鸣就关注到了一个现象：**战略很重要，可团队也相当重要**。他会留心观察，方向一致的几家公司，究竟是如何一点点拉开彼此间的差距。

张一鸣：我自己是有切身体会的。酷讯和去哪儿竞争，方向很清楚，但是差距越来越大。当年海内和开心竞争，海内对开心的数据产品也很了解，可惜就是眼睁睁地看着对手从产品到推广上节节胜利。回到现在（作者注：2011年）的团购网站，模式非常简单，也没有什么门槛，但是也能拉开这么大的差距。

时至今日，这依然是一种普遍的现象。很多愿景美好的公司，**战略的执行却很差：人效低，协作难，管理团队弱，人才梯队难以**

为继。

我在深入企业做诊断的时候，很容易发现团队如此低效的重要原因之一是目标感不清晰。当我们去跟创始人沟通的时候，创始人很疑惑。他会告诉我：我们有很清晰的目标啊，而且沟通也很充分，天天跟大家传达，跟大家说。

那么问题究竟出在哪里呢？

达成一个个目标，企业才能活，目标管理是企业管理的核心。什么是目标管理呢？来看看德鲁克①的权威定义：**组织群体共同参与制定具体的可行的能够客观衡量的目标。**

这句定义里，有两个重要的知识点：

第一，**组织群体共同参与；**

第二，**目标得是具体的，可行的，能够客观衡量的。**

这就需要创始人来问问自己了，公司的目标到底只是你一个人在做单方面传达，还是组织群体都对目标有认同感呢？组织目标到底有

---

① 彼得·德鲁克（Peter Ferdinand Drucker，1909—2005），开创了管理学学科，致力于管理学领域的研究，使管理学的思想和精髓传播于世，被誉为"管理大师中的大师"。

没有进行精细化管理，还是说总给人捉摸不透的感觉——看上去很好，但是却无从下手呢？

如果你觉得这些问题很难很烦，我想告诉你的是，组织管理的方法论并不神秘，如果你去学习成功经验，如阿里的管理、华为的管理、谷歌的管理、字节跳动的管理，房晟陶老师的管理、陈春花老师的管理，它们风格各异，但底层逻辑其实都差不多。只要你下定决心去学，而且你有中人之智，你就可以学到。

可惜的是，道理谁都懂，但依然做不好这件事。

那么问题又出在哪里呢？

每个人都是普通人，都有点爱睡懒觉，都有点爱面子，都喜欢听好听的话，都希望得到更多的资源，都会有些情绪化，既然老板是人，那么他身上必然也有这些缺点。

但当你抓住了好的机会，管理了一家几百人甚至上千人上万人公司的时候，就不能把自己当作一个普通人来对待了。

只有当你能够自我管理，你所学的组织管理的方法论才能真正发挥作用。组织管理实际上是引导你以明确目标为导向，去筛选出合适的人，然后去激发人和约束人的方法论，要做好这个系统的操盘，需要付出极大的心力、智力和自制力。如果你自己都不遵守这个系统的玩法，就别想其他人会遵守。

正如老一辈企业家们常说的：抓团队就是抓头头，头头办到了，团队才能办到；头头办不到，风一吹照旧。

头头是谁？就是你自己。

你就是问题之眼：你有没有好好挑选人才，有没有去维护组织的体系运转，还是说总是忍不住凭自己的喜好做事，有时候还忍不住沾沾自喜？

自我要求是很难的，英特尔前CEO安迪·格鲁夫在提到践行目标的时候，说了这么一段话："除却在危机中的个人经历之外，我还要讲述我是如何在全身心的震撼之中认识了战略转折点，又如何举步维艰地走过了它。"**这需要客观地看问题的态度，依据信念行动的意愿，以及鼓舞他人接受你的信念的热忱，这的确不是一件容易的事。**

这就是我持续写作这本《字节跳动目标管理法》的底层原因。

我们这个时代是前所未有的时代，在我国几千年的农业社会中，身份排序为士农工商。**而现在排在末尾的"商"，已经成了知识分子来实现格物、致知、正心、诚意、修身、齐家、治国、平天下的途径了。**创新创业的排头兵可以成为全民的偶像，他们充满了大无畏冒险精神，有坚定的信念和使命感，体现了很好的自我品格，能够赋能于很多人。在这样的精神主导之下，我们的社会变得越来越开放。

历史的洪流汹涌向前，偶有曲折无碍大势。

这必然是一个全球化的时代，我们这一代人将会在历史上留下浓墨重彩的一笔。那么舵舟的使命，就是记录并萃取这一代牛人克服以上困难的成长方法论。

这些案例与方法论现在可以启迪想要达成目标的创新创业英雄们——只要你想，你是可以做到的。我与我的团队的深度服务还提供如何自我管理，以及组织管理的详细操作方案。

这些方法论和案例还可以跨越时间和空间，让我们这里的这代人被认识。

基于我所笃定相信并倡导的目标管理法，在当下，张一鸣是我与我的团队所研究范围内，能够给读者贡献的最好的案例。

我们研究字节跳动目标管理法，遵循的逻辑是这家公司如何做自我管理，以及如何做组织管理。

2.
CEO 如何做好自我修炼

在本书模块1"CEO如何做好自我修炼"中，我们通过张一鸣的案例，着重剖析了CEO在自我修炼中关键的四个方面：进阶的关键时刻、极致的自律、决策能力的打造和领导力的构建。

进阶的关键时刻

我们团队在辅导创业公司的创始人的时候，首先会对创业者本人的发展经历进行梳理。在这个过程中，我们发现每个人的一生中一定会有一个"扭转"时刻，让这个人发生质的变化，从一种状态转化到另一种状态。

这个关键时刻的出现，通常是因为不断受到外因的刺激，在潜移默化中，量变最终引发质变。

2010年—2012年，是张一鸣人生中非常重要的三年。在这段时间，他的人生发生了三个重大的转变：

1.从参与创业的人，变成了主导创业的人；

2.从略懂人性，到系统性地研究人性；

3.从对世界疑惑，到通过主导自我，去和这个世界对话。

在回顾人生时，你定然会发现你自己的人生也存在这样一个"扭转"时刻，只是每个人面对"扭转"时刻的应对方式不一样，有人是"躺平"，有人是抗拒，有人是无措，有人是热血。张一鸣的方式是：积极应对，认真求索。

极致的自律

目标确立之后，如何才能达成目标？问题的关键还是自己。你如果了解张一鸣人生中非常重要的这三年，就会被他深深地震撼，震撼的原因在于，张一鸣以极致的自律突破了常人的认知。

想要卓有成效，首先要自律。所有的人都受时间的制约，但成功的人通常会先做好时间规划，然后按照规划严格执行。建立真正的优先顺序，摆脱无关事物的干扰，就更容易将重要的事贯彻到底，这就是自律。

无疑，张一鸣是一个极度自律的人。在这一部分，你将能学习到如何进行时间管理、情绪管理、自我觉察，还有如何高效学习的方法论。

决策能力的打造

大目标定了之后，如何才能实现？要靠一个个小决策，去达成一个个小目标，最后用这些小目标的实现铺就一条通向大目标的成功之路。

什么是决策？**决策就是我们说的每一句话，做出的每一个判断。**因为这些话和判断，都将影响大家对我们的判断，引领未来的走向。

决策最难的地方在于，你以为你知道，但是实际上你不知道，而且你的动作与你想要达成的目标相差十万八千里。

如何应对这个难题，张一鸣给我们提供了一个很好的学习范本。

在大目标之下，其实每个决策都是有方法论的，这考验的是我们的思维方式。在这方面，我们可以跟张一鸣学习如何做到知行合一，如何做到深度思考，如何避免理想的自负。

领导力的构建

我和我的团队的工作内容是研究和传播"如何和一群人一起把一件事做成"的方法论。凝聚一批人，领导力是不可回避的关键词。

缺乏领导力，将会扼杀团队的潜力，致使自我和团队都无所斩获。

那么如何才能构建自我的领导力呢？在这方面，我们可以跟张一鸣学习领导力的核心要素：勇气、笃定和坦诚。

这些要素看似寻常，却蕴含着宇宙的能量，将会指引着你和团队一往无前。如何才能锻造出这些特质呢？看看张一鸣是如何做的。

3.
CEO 如何带好队伍

在本书模块2"CEO如何带好队伍"中，我们通过张一鸣的案例，着重剖析了CEO带好队伍关键的三个方面：公司土壤的培植，核心团队的组建，团队氛围的打造。

公司土壤的培植

很多创业者有一个疑惑，那就是为什么在别的公司做得还不错的人，进入自己的公司之后表现一般，甚至很差呢？一个人是否能发挥出其才能，不仅在于其个人，还在于公司的整体氛围。

好土壤，是大树长成的关键。

在这方面，我们可以跟张一鸣学习他在培植公司土壤上，是如何不遗余力的。比如为了吸引合适的人，他如何充当公司的头号HR；在乔布斯身上，他为什么着重关注并学习"打造公司，就是打造产品"这一点。大家也会看到我们的劝诫：向字节跳动学习，切忌只学一些皮毛，体系才是关键。

核心团队的组建

土壤的培植，离不开团队成员的作用。

一个完美的体系，如果没有每个节点的承接和能量输出，那么，搭好的体系，也只能是摆设。

很早之前，张一鸣就知道，人才密度是目标管理中很关键的要素。在核心团队的组建方面，我们可以向张一鸣学习他吸引人才的心法、选拔高级人才和年轻人才的明确标准，以及在内部创新的人才任命上的方法论。

团队氛围的打造

什么都是可以学的，但有一样东西能学却很难学到，那就是团队的氛围。不同的团队氛围，孕育出不同气质的人才，比如阿里的人带有阿里味道，华为的人有华为味道，字节跳动的人也有字节味道——字节范。而这些很难被学习的东西，恰巧是一家公司的核心竞争力。

那么，团队氛围是如何打造的呢？是靠着旷日持久地输入，才能形成。一旦形成，则收获巨大。

培植好的土壤，激发人才的能量，离不开好的团队氛围。在这方面，通过张一鸣的案例，我们将学习如何利用薪酬这个工具来激活人才，如何减少组织的内耗，如何提升沟通的效率，如何要求团队追求极致，以及如何给高级人才施展才华的空间等几个关键点。

4.
学习的注意事项

本书通过张一鸣的案例传达给读者的主旨是：追求卓越，成为更好的CEO。我们在学习的过程中，还要注意以下三点：

首先，张一鸣不是神话。

优秀的人都有一个共同特点，那就是善于学习。我们在研究中发现，张一鸣和王兴一样，都是杂学家，他们喜欢关注人文、历史、哲学、商业等领域，看的书也很杂。

张一鸣抓住了这个时代的需求，他对关于自我管理和组织管理的理论缘起，很明显地受到了彼得·德鲁克、安迪·格鲁夫、杰克·韦尔奇、稻盛和夫等管理大师的思想，以及中国的儒学思想等已成熟知识体系的深度影响。

当然，他有他的独特点，那就是道理他都懂了，而且他践行得极其好。必然地，通过事上练、难上得，他也应该有了属于他的新理解。

其次，张一鸣的方法论是可以复制的。

每个时代的人都有自己的不同的机会，但能在其所处时代崛起的人的行为方式，其思考模型都很接近。比如抓住了这个时代最大的需求并有承接这个需求的底层系统，能够从"游击队"成为"正规军"，能够打造组织，能够自我管理。

人类知识库的系统稳定而又在不断迭代中，张一鸣的方法论也是有其出处的，他可以从别人那里习得，你也可以从他这里习得。

他的自我迭代方式，尽管很难学，但是只要你想学，你都听得懂，你也做得到。比如张一鸣持续强调的"坦诚沟通"，哪怕翻译成世界各地的文字，也都能让人清晰地明白他所想要传达的意思。

最后，谁也成为不了张一鸣。

我们拆解和学习张一鸣的方法论，但没有人能够成为完全一样的张一鸣，大家所处的赛道有大小之分，信仰不一样，运气也是一个不可忽略的要素。但是见贤思齐，我们都可以成为更好的自我。

模块 **1**

MODULE

■ CEO 如何做好自我修炼

坦诚清晰、追求极致、务实敢为、
开放谦逊、始终创业、多元兼容

" 我们要做到出彩，而不是完成事情，

核心人员的能力、素质、态度非常关键。"

1.

进阶的关键时刻

第一年：
2010，自我认知和团队打造

1.
普通人

最初，我研究字节跳动的动机，源自2016年我在前东家时拜访张一鸣。字节跳动的总部，进去之后首先看到的是一个巨大的食堂。

因为时间已经过去很久了，拜访张一鸣的过程和结果，我记得不是很详细了，但张一鸣的个人特色，给我留下了深刻的印象。他话不多，看上去没有普通创业者的激昂（事实上，他应该也是激昂的）。

他看上去就跟我们上学时所熟悉的数学成绩还不错的同学一样，很温和，平易近人。阵仗不大，不觉得有多高高在上。在吃完饭上电梯的时候，他助理同他说："一鸣，稍后有个会，你上去准备一下，我来送客人。"然后张一鸣就听从安排，跟我们道别，上去准备了。

今日头条当时都是上万人的规模了（现在接近10万人），下属能够自然而然地安排老板，老板能够听从一个下属的安排，说明这家公司是没有什么层级观念的。后来在很多公开资料上，也都可以看到关于张一鸣注重去层级，注重平等协作的相关描述。

大佬在我的认知里，都是正儿八经的。后来在朋友圈，我看到张一鸣偶尔会给一些朋友点赞，甚至在普通人的朋友圈下面发表轻松、但是不同的观点，跟我心中想象的神秘大佬不一样，就是个普通人。字节跳动后来遇到过不止一次危机，很多媒体写文章说，头条在经历至暗时刻，暗含着"看你过不过得去"的看客语气。从此以后，我就有点无法跟媒体所传达的"至暗时刻"（媒体传达出看戏或者踩的意味）产生共鸣了。做事业都得经历波峰浪谷，成功的企业在浪谷蓄势。即便在浪谷牺牲也没什么，拉长时间维度，我们在历史长河里，连一朵浪花都算不上，看戏心态要不得。最关键的是，有可能同一时间，我们在看戏，对方在成长，于己也不利。

随后我们创办舵舟，关注一家企业的根文化，从根文化出发进行组织原则的打造以及渗透。我们研究了100多家成长型企业，提炼中国年轻一代的公司的管理精髓，看它们的战略和组织是如何搭建以及相辅相成的。每家公司都遇到了这样或那样的问题，很多公司的规模卡在100人、200人，就是上不去。老板不是不想做好，而是欠缺方法。我开始思考，**张一鸣这样一个跟我们无异的同龄人，究竟是怎么快速抓住了建立一家大公司的要领的，他的思考逻辑和行为方式是什么？**

但几次约访都没有成功，尽管在这个过程中，我们渐渐对字节跳动的组织打造有了些许了解。最近我在真格学院的一次授课中，认识了漂亮的FA①小姐姐Morrow，她听了我的课，了解到我是做组织服务的，就跟我聊天。她问我怎么看一个海归85后创始人，在公司里搞专制、一言堂这件事，言下之意表示难以理解。随后她又提到，她的一些朋友在字节跳动工作，反映都是挺良好的：这家公司尊重人性，协作容易，同时能够产出结果。

此时的我，经过对上百家公司的研究和深入的企业服务，与团队搭建出了自己的服务体系，那就是帮助搭建出成长型公司的"组织模型"。我们从核心团队的共创共识入手，帮助一家公司萃取他们的使命、愿景、价值观，拆解目标及战略，以及萃取和优化能够支撑他们战略的人才标准、经营原则、激励体系。这个时候，当想再次审视张一鸣和他的字节跳动时，我们有了框架性的视角。但是想打入字节跳

---

① Financial Advisor的缩写，即财务顾问。

动内部，以及约到张一鸣本人，依然是一件很难的事。

有高人指点：我们可以去看看张一鸣的微博，他在那里留下了很多成长的印记以及对组织的思考。我花了5天时间，看了两遍他的2200多条微博。这些微博的发布时间分布在2009年—2015年。其中活跃度和干货度最高的是2010年、2011年、2012年这三年，这三年也被外界认为是字节跳动战略和组织打基础的关键阶段。我将尽可能按照时间线分成三篇来解析。

首先来看张一鸣在2010年的个人思考以及组织打造。希望对创业者的成长和组织发展，有一定的启发。

2.
2010 年，组建团队

2009年9月，26岁的张一鸣再次出来创业，创办了九九房。他在微博上留下了一句话：风景长宜放眼量，往者不可忆，来者犹可追。并勉励自己要给团队带个好头，要早点上班。

从张一鸣微博的信息显示，年轻时候的他，起床时间大概是在上午9点30分之后，下班时间基本保持在深夜11点到次日凌晨2点之间。而最近字节跳动的团队成员跟我聊，张一鸣现在习惯在凌晨面试高管候选人，因为白天高管和他都没时间，可见这个"带个好头"一直传承至今。虽然字节跳动没有明确的强制加班的政策，但从字节出去的员工，常常以"非常能熬夜"著称。

2009年，还只是一个小创业公司老板的张一鸣，在微博上讽刺某成功人士。这个成功人士是大学教授，他给员工的期权比例非常低。张一鸣摘录了别人的一段评价：估计是大学老师当惯了，还是那种雇用学生开作坊的思维惯性。之后的微博信息，他也两次提到了给团队分期权的事，一次是觉得微博给资深员工的期权太少了，一次是表达自己在给员工分期权这件事情上，绝对不玩猫腻。

2009年就这么平淡地过去了，事后，张一鸣称这一年是缓慢前行的一年，并多次反思自己应该要激进一些，要多去挑战。他认为："改变和挑战自己也是人之所以为人最有意思的事情。"之后他进入了思考密度极高的2010年——这一年他勤发微博，尽管也没什么人跟他互动。

2010年张一鸣的微博有两大主题：一个是观自己，思考自己；另一个是组建团队。这两件事也是相辅相成的。

关键词：招人

2010年的张一鸣很忙，招聘和面试是他工作的重要部分，人非常难招。他在微博里说："上周面试了十几个人，最后确定了一个实习生。一个月面试了五十个人，最后只有一个人有可能加入。"支撑张一鸣这么高强度的面试和小比例人才引入的信念是：<u>我们要做到出彩，而不是完成事情，核心人员的能力、素质、态度非常关键。</u>

显而易见，人难招的重要原因之一，是张一鸣的要求真的太高了。到了现在，脉脉①上还是有人吐槽，字节跳动的面试为什么那么苛刻？明明是一个螺丝钉岗位，为什么要求那么全面？根就在这里。

张一鸣看人看重什么呢？首先是人品。

他怎么选应届生？他要求自信、诚实、努力，**不喜欢年轻人擅长走捷径，会讨巧。他怎么选核心人员呢？他认为越高级、影响力越大的人才，其实越应该看基本素质，即这个人的理性、逻辑、修养、企图心和自我控制力。**

---

① 脉脉，一款职场社交APP。

关键词：吸引人才

人才难招是张一鸣早期创业的难点，所以如何吸引人才，也是他的思考点。27岁的他开始总结方法论，最后总结出了四个要点：**短期回报、长期回报、个人成长、精神生活**。他认为如果想吸引到优秀人才，这四点很重要，而且难度依次递增。付给优秀的人满意的工资是最容易的，只要你舍得。**但是能够丰富人的人生体验和精神生活，是综合要求最高的。**

目前来看，字节跳动的一些员工对张一鸣之后的设计还是很买账的。在本模块开头所提到的巨大的食堂，提供的是绝对不含地沟油，食材精挑细选的三餐。此外，鼓励大家运动的企业文化，在已经非常高的业绩基础上挑战更高的业绩目标，还有极度坦率的沟通文化，这都是年轻人所需要的。

关键词：用人

人进来之后，张一鸣如何让其发挥出效能呢？

2010年的张一鸣有这样几招：

第一招：沟通

5月，张一鸣开始复盘最近半年来，他跟团队一对一沟通的内容。他把大家对他和对公司的意见分为三大类：已解决、部分解决、问题依旧。领教工坊的肖知兴老师，在他的文章里经常提到一个梗，那就是很多中国民营企业的老板，不愿意跟团队一对一沟通，而他认为这是建组织非常重要的步骤。

据公开信息整理，张一鸣跟团队沟通的时候有一个特点，那就是尽量保留意见，让团队主导。创始人和团队一对一沟通非常需要这种素质，不然又变成老板的独角戏，往往也产生不了什么效果。

6月，张一鸣在微博里说："见贤思齐，见不贤而内自省也，这句话主要是说面对外部和他人。如果在公司内部，你见贤应该激励和鼓励，见不贤应该反馈沟通。"这体现了他当时的思考焦点：要跟团队沟通。人们对程序员的刻板印象是，不爱说话，不喜欢做管理，这也是很多程序员出身的创业者的短板。但是程序员出身的张一鸣，在与人才沟通方面，确实表现出很高的兴趣、执行力和学习力。

第二招：共同学习

张一鸣很喜欢读书和看电影，还会在微博上推荐书，比如《如何阅读一本书》《谈判是什么》等等。

6月，公司进行了读书交流会，其中提到了《别做正常的傻瓜》一书，张一鸣关注的点是："大家对是否理性的态度有分歧。"后来有一段时间，也许是随着管理的团队越来越大，张一鸣非常关注词语的准确含义。这估计是为了让团队高效沟通，尽可能建立一个共同语言的标准。

10月，他在公司又组织了一次读书交流会，选的书是《高效能人士的七个习惯》。在组织这场分享之前，他觉得这本书的内容过于深入，不适合在公司展开讨论，后来发现还可以，但确实不适合只分享一次。

一些媒体提到张一鸣受到稻盛和夫《活法》的影响非常深刻。但他在5月的一条微博里说道："不知道其他人看《活法》一书是怎么样一个真实感受，我有时觉得书中的要求太高以致不想去想。"这个想法，也许跟张一鸣一以贯之的"尊重常识"的心态有关，**超出本质，超出常识，就需要慎重了。**

第三招：目标管理

OKR最近又在创业圈里火了起来。在存量市场里求生存，大家越来越关心效率。字节跳动很早就开始关注目标管理，我没有查到究竟从哪一年字节跳动开始推行OKR，唯一可靠的信息是，在2015年之前就开始推行了。

2010年的张一鸣，已经在微博里思考目标管理的事情。他很朴素地说道："我觉得以后团队的工作，不论大小，都应把工作的目标定义并分解后，用邮件发出来。这样有以下好处：1.可以让别人提意见；2.可以避免重复的工作；3.避免对定义的理解有误差；4.能估计工作量、评估效率方法。清楚不含糊要成为公司的文化。"这个跟OKR的精神是高度吻合的。

当下字节跳动的内部管理，依然以OKR来驱动。OKR和他们内部的沟通工具飞书打通，公司每个人都能知道其他人的OKR是什么。当你想找到一个相关的人协作，直接查询就好，而不会像无头苍蝇一样到处乱撞和碰壁。张一鸣也会在业务会上汇报自己的OKR进展，告知大家他的完成情况，做到目标清晰透明。

第四招：建立指标系统

我认为张一鸣提到的指标系统，跟我的团队所提供的组织模型里的"立法"是趋同的。**即一个组织里，应该有清晰透明的游戏规则，让参与的人可以遵守。**

9月，张一鸣在微博里提到关于指标系统的事情，他说："为什么刷牙不能坚持认真刷，为什么在跑步机上能坚持跑步，有许多事情不容易做好和不被重视的原因就是没有指标系统。比如，如果健康有准确方便的度量指标，那么大家的身体素质一定会提高。"这条微博在2011年又出现了一次，只是进行了更深入的阐述。

12月，张一鸣又提到了标准一事："对组织而言，需要把优秀的标准清晰无误地传递且不断精进。含糊和混淆其实是牺牲。"

在建组织这件事上，每个创业者都有自己的不同理解。有的创始人认为在创业初期，没有必要在组织上下太多功夫，而应专注搞业务。最后可能业务起来了，而组织形成了一定的惯性，要改变起来很难。2010年12月的张一鸣，还没有开始做让他起航的今日头条，团队也就十几人，但已经在塑造团队的标准。可以肯定的是，这是张一鸣后来能够建立字节跳动集团的起点之一。

第五招：以人为本，关心团队

张一鸣在微博里多次提到自己的背部劳损，以及睡前躺着看手机带来的脖子劳损。推己及人，他非常关注团队的健康锻炼，招人的时候，他也会强调：我们这里离游泳池很近。

10月，他在微博里说："7点一到大家都跑去浩沙健身了，公司大半的人都办了卡。"关于他关心团队的生活，在后面两年的微博里，也有所体现。

12月一个寒冬的晚上，他开始自我反思，因为他常常在周五晚上下班的时候，跟同事说：明天假期，我们再把×××做好。他觉得自己的行为不对，不能这样要求，工作和生活应该平衡好，但转念一想，又说："不过，别人'腐败'的时候我们在努力，别人消磨时光的时候我们在学习，那么延迟的满足一定会厚积薄发地来到。"这样来自洽了一番。

3.
2010 年，迭代自我认知

2010年的张一鸣，还是一名普通的创业者。尽管没什么人跟他互动，但他挺爱发微博的。不像现在，他不仅微博停发了，朋友圈也不发了，采访也不接受了。这一年他对自己的审视很多，基本上可以看到他的三观雏形。

27岁的张一鸣说："我快30岁了，这几年又开始重新学习和补习本应在青少年时期学习的东西：如何阅读、如何了解自己、如何与人沟通、如何安排时间、如何正确地看待别人意见、如何激励自己、如何写作、如何坚持锻炼身体、如何变得有耐心。"

当一个人在观自己的时候，他的成长之路就真正开始了，哲学之路也就真正开始了。

关键词：延迟满足

现在大家只要一提到张一鸣，就会想到他的名言：延迟满足。可是，这个理念跟他所提供的产品服务有一定违背。这里面的缘由是什么？除了在和记者小晚的对话中，他曾正面回应过价值观的问题，目前还没有更多信息透露出来，相信未来他还会有更丰富的阐述。在微博上，张一鸣2010年第一次提到延迟满足。

9月，他在微博上写下："延迟满足和坚决告别惰性是'优秀'最重要的两块基石。"他时常觉得自己是有惰性的，因而经常反思自己。英文还不错的张一鸣11月开始咂摸一句话：Sacrifice what we want now for what we want eventually（为了我们最终想要的，牺牲我们现在想要的）。显而易见，他选择what we want eventually（我们最终想要的）。

12月，他甚至还提炼了如何做到延迟满足的经验："含蓄情绪，让自己静止，不要在沟通交流的时候走动，晃动，情绪波动，让思维失去精确控制。"关于延迟满足的精彩描述，在后面几年他的微博中还有多次提及，请期待接下来的篇章。

关键词：不提倡忍耐

有人理解的延迟满足，就是自虐，在张一鸣这里，他是不认同这种理解的。

2010年的张一鸣，在微博里说了两段发人深省的话。第一段是6月，他参加一个朋友的婚礼，发现新郎和新娘已经异地五年了，而且为了珍惜彼此的工作机会，还要继续异地，张一鸣感叹："这样我是做不到的，也不赞同，人生在世就应该尽可能实现价值、体验生活，为了静态的收益而去'忍'，这样会损失生活，而且损失很大，这不是创造的人生。"

这段话除了发人深省，还可以看出，张一鸣跟老婆的关系应该是很好的，不希望分开。这种价值观我很推崇，找一个真正合适的伴侣，然后两人如战友，如合伙人，如亲人，如情人并肩作战。

11月，张一鸣说："现在部分年轻人流行把三四十岁退休作为理想，我不认同，我觉得理想是一直有机会创造、实现想法，有机会学习、修炼、创造到老。为什么会想退休？想退休说明你认为现在是在'忍'。我还有很多很多想法想要去实现，希望三四十岁时有更多条件去实现想法。"

这段话可以用来自查：如果你在忍，说明你在做你不喜欢的事。如果你不喜欢，你就很难拥有工作中最核心的竞争力，你的很多希望就会放在别人身上。而把希望放在别人身上，大概率是会失望的。所以三四十岁退休，只有少数人能够做到，大部分人到三四十岁时，只是等到了中年危机。

如果你有了一份喜欢的事业，参与即享受，你甚至会贪恋这种感觉。而能够称为一份事业的事情，往往不是十年之功就能做成的，甚至需要一辈子的投入，也许投入了一辈子，也只是为后人开了个头。

关键词：坦率、坦诚

在注重人伦的中国文化传统中，高层人士重视权威胜过事实。有一本西方人写的讲沟通的书里说过这么一个故事。这个沟通培训师20世纪初在香港开了一个班，教中国人如何沟通。学员中有一位大爷，他非常痛苦，因为已经成家生子的儿子不认他。这位大爷因为年轻的时候吸食鸦片，伤害了家人，儿子跟他断绝了父子关系。后来他虽然戒掉了鸦片，希望能有一天跟儿子重归于好，但是碍于自己父亲的身份，一直没有主动向儿子开口。

当这位大爷说完心事之后，这个西方培训老师表示很不解：是你自己的问题，为什么不能向儿子主动开口呢？但是其他中国学生都表示特别理解这位大爷：长辈怎么好主动请求晚辈的原谅呢？这种无法坦诚沟通的风格，可以从中国社会的各个角度窥见，包括在现在的很多互联网公司里也是如此——我们重视形式，而不重视实际。

7月，张一鸣转发了一条微博："一个公司最强的敌人是什么？韦尔奇说，是'缺失坦率'。我深表认同。幸好，坦率是可以培育的。"他说转发的目的，是再度提醒自己和团队。

坦率、坦诚是张一鸣多次强调的关键词。据公开资料，在字节跳动内部的业务会上，张一鸣会给自己过去两个月的OKR逐项打分，没做好的地方都会直接告诉大家，对哪项业务不满意也会直言不讳，从不遮遮掩掩。

坦诚可以做到什么程度？进入字节跳动公司内部，大屏滚动播报公司内部的信息。很多人担心，这样会不会导致公司核心信息被泄露？在知名公众号左林右狸的文章里提到，字节跳动的一位高管是这样回答的：选择对员工开放式的文化是有价值的，尽管风险同样存在，但这个风险是属于已经有预判的，即愿意"为了这个目标付出这个代价"。

关键词：家人

当下的每一个人，都是由无数个过去构成的，包括张一鸣。张一鸣的微博里三次提到自己的父母亲。2010年是第一次，从这条微博可以得到非常有价值的信息：1.张一鸣的父母也是经商的；2.以23岁生下张一鸣推算，2010年张一鸣的父母应该是50岁左右了，这时他们还在一线打拼，并且有持续进攻的意思。

这条微博原文如下："昨天父亲节，和爸妈视频聊天。他们在广东经商，这几年竞争压力大，内部意见纠纷不小。有时我想建议他们别经营了，退休养老，但办公司往往欲退不能。昨天爸爸说还想投入更多再来搏一搏，我想既然劝退不行，不如鼓励他放手一搏，信任就是鼓励。我不能回去帮忙，就要把自己的事情做好，让他不要担心。"

家庭的影响对一个人是潜移默化的，父母是孩子人生的第一任老师，也是影响最深的老师。张一鸣的商业化思维、创业精神也是可以追根溯源的。我们可以以此来激励自己：如果已经有了孩子，就更应该成为更好的自己。

从张一鸣的微博来看，他的妻子应该是一位高知女性。比如他在思考团队建设的时候，妻子会给他讲安迪·格鲁夫的传记，告诉他在英特尔，"格鲁夫非常注重管理，摩尔是个科学家、技术天才，诺伊斯是负责融资PR[①]的人"。在前面的微博里，张一鸣提到不能理解夫妻长期分居；在后面的微博里，他的妻子也出现过几次。

---

① Public Relations的缩写，即公共关系。

据我观察，上一个时代的创业者，大都有革命浪漫主义情怀，有侠客精神。这种追求自由、追求放肆的心态，有可能来自极度被压抑的、荒芜贫瘠的环境因素。这就导致他们思考商业的时候，富有赌博精神，甚至觉得"火一把就死"也值得。他们在年轻的时候，家庭观念会相对比较淡薄。

但是新一代85后、95后的创业者中，有一批创始人尽管正值盛年，但家庭观念浓厚。他们目睹了父辈们的人生，在现实环境中，他们会以更加长期的视角，来看待自己的事业。如果这种观念越来越普及，不失为这一代人的幸福。

4.
普通的创业公司：字节跳动

张一鸣的很多早期的思想，现在都渗透到了公司的打造中。如果我们从组织模型的角度来审视当下的字节跳动，可以得到一张这样的组织模型图：

字节跳动目标管理法——组织管理篇
3. 要求优秀的表现和专业精神

1. 找到正确的人   2. 付给超过市场水准的回报

在形成这样的组织模型的过程中，作为一家创业公司，字节跳动跟普通创业公司所遇到的问题没什么两样。比如创业早期，在张一鸣的微博以及公开信息里可以看到，他们常常面对这样的问题：

早期好不容易招到的高端人才，上任一个月就被吓跑了；

基层员工不一定能够理解公司的战略，所以当说不通的时候，老板就得亲自上阵敲代码；

员工的家庭和生活的平衡；

纯技术公司，被员工嫌弃很枯燥；

等等。

等到公司大了，超过万人，又出现了新的问题。以下是一些字节跳动员工的吐槽：

团队大了，养老划水、高薪低能的现象也就多了；

张一鸣用人就像资本家，"药渣"用完就抛；

加班严重；

有不太受欢迎的HR；

等等。

遇到问题并不可怕，因为在问题面前人人平等。人与人之间、公司与公司之间拉开差别，在于面对问题时如何去解决。很多公司会被问题卡住，但是字节跳动还在高速前进。这不仅是战略的成功，也无法用"增长"来掩盖一切问题以回避本质，因为张一鸣从2009年创办九九房，到现在打造字节跳动集团，他经历的可以让一家创业公司死掉的坎有很多。

清华经管学院前任院长钱颖一曾经问过张一鸣，他们发展的核心竞争力到底是什么。张一鸣回答："**字节跳动的核心竞争力直接来说是我们的产品，产品背后是我们的技术系统，技术系统背后是我们的团队和文化。**"

第二年：
2011，历史转折

1.
前言

　　企业通常会因为团队创业精神稀释，管理队伍后继乏力等问题，找我为其提供组织打造服务。那么，我所要做的第一个动作，就是跟创始团队深度聊他们的成长史。通过分别了解创始团队成员在各自人生重大转折过程中的所思、所想、所得，来萃取和提炼他们共通的人生观、价值观，以及学习方式和成长方式，这些就是这家企业的根文化。从根文化出发建立起来的组织原则，才能有机会从根上得到维护和发扬。

而创始团队中，最核心的是创始人，创业公司都在创始人的认知通道里面跑。作为创始人，如果你的认知通道的宽度相当于高速双向十车道，那么在你的认知通道里面跑的车，就有机会开足马力，走得更快更远。如果你的认知通道的宽度相当于一个村道，很窄，路况还不好，那么，首先，好车不愿意去；其次，去了也跑不起来，甚至遇到下雨天，说不定还会折在里面了。

除非特殊天才，大部分人都没有天生的强大认知。我们都是在一边学习、一边实践、一边总结中，来不断打破自己的认知边界。在这个打破的过程中，如果有很好的范例来供借鉴，不失为很好的学习途径。

字节跳动创始人张一鸣是一个很好的学习案例。首先，他的年纪跟当前的主流创业者们相近（1983年生）；其次，字节跳动这家公司很知名，很多基本的信息不需要做太多解释；最后，从目前的情况来看，字节跳动比大多数创业公司"跑"得都要快，规模都要大（创办于2012年的字节跳动，现在规模近10万人）。存在即合理，这里一定有很多值得我们学习和归纳的东西。

我关于张一鸣及今日头条组织的研究，主要基于张一鸣2200多条微博，加上一些公开信息和一些相关人士的采访。成文的目的不在于追星，而在于了解跟我们一样但"跑"得快的普通人和创业公司，在成长和发展过程中是如何解决问题的，解决的效果如何，我们可以借鉴的东西有哪些。

2011年，对张一鸣来讲是硕果累累的一年：首先，他有了自己的孩子，当爹了；其次，他将在来年孕育出自己的另一个孩子——今日头条。如果用两个词来概括张一鸣的2011年，我选择求知和纠结——**主要是求知，其次是纠结。**

2.
求知

成名后的张一鸣，在跟清华经管学院院长钱颖一对话时说道："我一直觉得，如果世界上的书只能选择看少数的话，两类书值得看，第一类是传记，第二类是教科书。"张一鸣说，他在大学里看了很多人物传记，这些传记里的伟大人物年轻的时候生活都差不多——大家都是平凡人，生活是由点滴构成的。但是只要有耐心，选择一个领域深入下去，就会取得相应的成绩。所以，传记教会了他要有耐心。

然而从2005年毕业之后，张一鸣的行为并没有表现出他多有耐心。看到他2005年到2009年之间的经历，你会对身边隔三岔五跳槽的年轻人表示理解。他先是跟师兄一起创业，结果失败。2006年他加入酷讯，跟随陈华、吴世春创业，24岁的他很快便做到了技术委员会主席的职位，带领一支40人的开发团队，这时他开始真正接触管理。在酷讯的经历，让他了解到管理的重要性，并决心去大公司学一学相应的知识，于是2008年他去了微软。

微软的经历没给他留下什么好感，以至于他在微博上常常提到，微软这样的公司对于年轻人不是好的选择："有一个朋友，让我帮忙推荐他去IBM和微软工作，说要镀镀金。且不说能力最重要，IBM和微软估计只能镀铜吧，要镀金应该去360、百度、小米或者其他新锐创业公司。"

从微软离开后，张一鸣加入饭否，跟着老乡王兴一起做事。但是很快，他就从饭否离开了。三年四份工作，不能不说这个年轻人跳槽跳得勤。值得羡慕的是，人在年轻的时候，跟对人很重要，抛开张一鸣的底子不说，能近身跟随陈华、吴世春、王兴学习，参与他们的商业思考和行动，这或多或少都为他的未来打下了基础。2009年他正式开启自己的第一次主导创业项目——九九房。

参与创业和主导创业完全是两码事。张一鸣说："创办九九房的时候我当CEO，以前我完成我应尽的职责，然后把问题向上汇报，但

CEO不能向上汇报，要独立做决定。招聘、辞退不能推给别人。这些经历是对今日头条创业的演练。"

2011年是张一鸣在九九房CEO岗位上的最后一年。

那我们来看看，2011年的张一鸣在创业上到底学习到了什么。按照惯用的逻辑，企业的组织打造实际上是创始人思想的投射，那我们依然从自我认知提升、组织打造这两点来剖析张一鸣的成长。

自我成长

关键词：理性和感性

2月到3月，张一鸣在微博上发表了三条对感性和理性的思考：

第一条："做个理性人，很多事情就不必做。感性做人、理性做事的态度有其意义。"

这也许是在反思他自己过于理性，也会给实际工作和生活带来困扰，所以要感性做人，理性做事。

第二条："关于感性。当你看到生活的真实面目时，你会悲，但不会因表象而伤感；你会喜，但不会因浮华而极乐。生活中有时候猛然听到残酷而又真实、有穿透力的话，看到一本有违自己世界观而又有理的书，你的感性认识就变化了。"

这也许是想劝导世人放下感性，去看这个世界的本来面目，以免一叶障目，不见泰山。

第三条："今天会上提到感性理性，我的观点：感性深化放在深处，理性实化放在前锋。"最后为这个困扰他两个月的问题，画上了一个句号。

我们常常在公司里看到这样的情况：会议主题本身是一个实际业务问题的讨论，可最后往往却以个人的情绪来收尾。这样对工作不仅没有帮助，反而还会滋生出不好的文化。如果一家公司能够坦诚地来讨论理性和感性的话题，对提升效率来讲，绝对是一件极好的事情。

关键词：如何做决策

从公开信息来推测，九九房这个创业项目，之于张一鸣有一定的被动因素。从饭否出来后，海纳亚洲创投基金的王琼找到他，希望他把酷讯的房产频道拿出来单独做，之后就有了九九房。可以推断的是，这个项目的发起人不是他，他是接了投资人的任务。所以到最后有"离职"这一说，也是可以理解的。

CEO每天都得面对的就是做决策，每个决策后面又跟着无数的决策。一个决策失误，会导致后面层层出错，所有出错的概率加起来，就有可能导致满盘皆输。所以创业者焦虑到睡不着，拼命学习的原因也在这里，一是为长久，二是必须马上应付当下。

5月，九九房CEO张一鸣在微博上谈到痛苦决策这一话题："You make tough decision without excessive agonizing。要做到这点必须经常主动地去面对tough decision。"大意是，如果你想在做艰难抉择时，不会过度痛苦，那么你就必须做到经常主动面对艰难抉择。这应该也是熟能生巧的另一种解读吧。

王琼在她的一份自述文章里写道："一鸣固执，但每一个董事会与他产生分歧，最终由他拍板的决定，无论成败，他都会复盘。通过自省，累积经验教训。这使得他的判断一次比一次准确，格局越来越广阔。"**承受做出抉择时的艰难部分，并为此负责，总结经验，这样才能在自己不擅长的领域不断成长。**

而做决策时的态度应该是什么样的呢？8月，张一鸣说："'独立思考，忠实于自己的内心'，越朴素、不虚荣，所做出的选择会越实际而可行。"也许他在此刻开始反思，他应该做一个决定，来忠于自己的内心。

12月，张一鸣在微博上写道："参考别人的意见，只是判断线索，不可作为决定的决心。"人有这样的行为习惯，在做重大决定之前，会去问很多人的意见，比如比自己牛的人，或者是长辈、朋友。这个时候的张一鸣要做一个什么样的决定呢？2012年春天，在跟王琼简单沟通之后，张一鸣做了辞去九九房CEO的决定，并找了一个CEO继任者，算是对这个项目的交代。

之后王琼依然代表海纳亚洲投资了张一鸣新项目的天使轮和A轮，可见她对于这个年轻人的认可。业内小道消息说，FA平台以太的创始人周子敬在做今日头条这个业务的时候，觉得张一鸣这个人一定能成，于是借了200万人民币投资他，这一把就成了。可见看人准，也是人生的重要杠杆啊。

关键词：创始人的自我修养

一些投资人聊到自己投资的项目时，认为有一个最为闹心的事，就是创始人总放不下自己擅长的领域。比如销售出身的，不管新产品，天天在一线打单；写代码出身的，恐惧管理商务团队，一门心思在一线敲代码。当创始人的自我认知不能调整过来，企业就很难长大。不过张一鸣的投资人不用担心，张一鸣的老婆也能起到一定的管理创始人的作用。6月，张一鸣在微博里写道："写了2小时代码，老婆问我：'你的职责是写代码吗？'答复：'不是，我是在娱乐！'"

读书依然是张一鸣获取成长的主要方式。6月，张一鸣写道："听说有人能每天看一本书，问题还不在看书速度，而是在知易行难。实践的速度赶不上所知的要求，欠账很多。"9月，他说："遇到一本好书的愉快，和遇到一个非常值得交往的朋友的愉快是相似的。"读书固然能让人进步，但是远不及生活中实际的教训，给人的印象深刻。10月，他感叹道："最贵的是'学费'。"

团队打造

有位朋友曾说过：王兴的战略，一鸣的管理。意即虽然于每家公司而言，战略和管理都不可偏废，但这龙岩二杰各有偏重，张一鸣的组织打造能力非常值得大家研究和学习。

2011年的张一鸣依然在持续招人。1月，更是在微博上夸张地说："冰天雪地一丝不挂720度向前翻腾三周半诚心跪求：高级UI①设计师，够细心、有洁癖、有sense②。"张一鸣经常在微博上招UI，根据多项信息综合来看，他应该是一个对UI非常关注的老板。

3月，他在微博上表明自己的态度："在find the right people pay the top of market 的基础上，and demand excellent performance and

---

① User Interface的缩写，即用户界面，是指对软件的人机交互、操作逻辑、界面美观的整体设计。
② sense意即悟性、判断力。

professionalism。"意思是，我们招人的标准是：找到合适的人并开出市场上最丰厚的回报，在此基础上，要求大家有优秀的表现和专业的精神。

此时，九九房已经运行一年多了，别的小公司会遇到的团队问题，张一鸣也都在经历。

关键词：处理跟不上的员工

在业务执行上，如果自己总是在带头位置上，张一鸣就会觉得很沮丧，比如为什么问题总是他发现，为什么问题到现在才发现？这个时候，也许已经出现员工跟不上趟的问题了。

3月，张一鸣转发了许晓辉的微博，这条微博主要是讲员工抱怨公司的问题，观点是：员工应该爱工作，这样自己才能有收获，如果实在看不上，可以分手，另投明主。

尽管面试严苛，但还是挡不住有看走眼的时候，这种情况在每家公司都一样，应该如何应对呢？张一鸣又转发了一条微博：

"团队中部分人不能跟上公司发展，有三点处理原则：1.以德为主，德有大问题则须离开；2.话说清楚，不含糊，好好说，先鼓励给机会，不要让团队猜测担心；3.德具备、才落后或者不匹配的情况，要给降下的人降落伞，降落伞要有含金量，要替人考虑好。"

关键词：激发员工

自己当了老板才知道，当年打工真的是浪费了一些时间。因为面对如狼似虎的外界环境，你的成长速度一定要快，才有活下来的机会。张一鸣感叹："我去年有一个感想，觉得之前的老板都对我不太苛刻啊，否则我当时能做得更好。当然很可能是他们认为，已经做得很好，太苛刻人就跑了，其实对于会自我驱动的人是不会的。"感想归感想，一家小小的创业公司，也不能无章法地苛刻要求团队，那到底该怎么做呢？

首先当然还是看书。6月，张一鸣看《卓有成效的管理者》时感叹比较多，他说他看这书的一个目的是学习如何发挥人的长处，他的收获是："《卓有成效的管理者》中经常强调勇气，就像《赢》中强调坦诚一样，让人知道，很多时候不是需要更精巧的技巧，而是需要更本质的素质"以及"卓有成效如果有什么秘诀的话，那就是善于集中精力"。

张一鸣在这年养成了一个习惯，就是重要岗位的人入职后，会安排他坐在自己旁边，以提高沟通效率。据公开资料，后来在今日头条时期入职的高级副总裁张利东，也享受到了这种待遇。

北漂张一鸣在北京六年住了六个地方：回龙观、双榆树、知春里、和平里、惠新西街和西土城。从五环外，一直住到四环里。如果我没有记错，曾在一条跟帖里看到，早年的时候，他为了住得离公司近，选择卖房子。

推己及人，他也希望自己的员工能够住得离公司近一点。9月，他连发两条微博，第一条说："一直认为年轻人在花钱省时间这个事情上应该激进再激进，省时间！省时间！用好时间！"第二条说："回家路上想到，团队成员家和公司的加权平均距离，是否和创业公司的成功概率统计正相关，系数是多少？……目前团队中步行10分钟内可以到公司的人有7位了，占20%，比去年好很多。"据了解，后来为了让员工在路上省时间，字节跳动推出了就近租房给补贴的政策。

5月，关于员工的福利，张一鸣做了畅想："好的公司应该争取提供健康的食品、宜居不远的房子、舒适抗职业病的办公环境。这是真正的人力资本投资。"关于这点有人曾在微博上留言问张一鸣：你们还提供房子啊？张一鸣说这是努力的方向。

关键词：指标系统

2010年，刚当CEO的张一鸣就已经开始关注组织原则的打造；到了2011年，他对这个问题的思考开始深化了。2月，张一鸣感叹指标系统的重要性，他认为只有少数人不需要显性指标系统，而会自我构建内在的指标来推动自己。另外他补充："至于有完全显性指标也做不好的情况，那是没药救了。"这就属于跟不上趟的员工了，怎么处理，可参见前文。

可能很多人会非常好奇，这个指标系统（也就是我与团队所提供的服务体系里的"立法"）该怎么搭建呢？这是一个专业的活儿，专业需要深入和细化。张一鸣是这么说的："提炼指标的过程，本身是分解事物特征的过程。而且指标要经常测量。"

指标系统（公司的"立法"系统）一旦建立，如果想要大家遵守，最重要的手段是什么呢？是维护。缺乏维护，是规则崩盘的主要原因。如果公司习惯于只出台规则，不维护规则，长此以往，员工就了解了公司的行为方式，知道每次都是"狼来了"的游戏。积重难返，再想做好规则建立，就需要更深厚的功夫了。

6月，张一鸣说："对原则最好的保护，是对原则的捍卫而不是妥协，你永远叫不醒一个装睡的人。"

一旦规则被推行下去，效果将是立竿见影的。6月，张一鸣又说：

"有要求就是不一样。从上一期开始实行打分制度，今天同事做的技术分享水平明显提高，据说花了许多时间准备，还提前和主持人检查了PPT。"

想要在公司内部推行原则（或说"立法"、指标系统），关键在哪里？还是在老板身上。如果老板相信规则，或者老板意识到了规则的建立，可以让组织管理更加透明和有章法，以配合战略的达成，而不能永远靠人治，那么这个事情就成功一半了。张一鸣很显然是一个对规则、原则敏感的人，他认为公平的文化和公平的信任是非常重要的，奖罚分明，这样大家才相信游戏规则的存在，才会挑战自己获取更大回报，才不会存有侥幸心理。

在他的理念里，坚持原则很多时候是经济的，可以看作是一种短期浮亏、长期受益的投资。很多老板在组织上想了很多办法，但还是不奏效，为什么？关键在于他们接受不了"短期浮亏"。和跟出去跑业务的立竿见影相比，做组织和做系统太费神了，不能今天播下种子，明天见效果。所以他们总是回到出现问题，应对问题，而不能系统化解决问题的死循环中。

张一鸣这个人很有意思，6月的微博上，他分享了一个趣事："今天办事回程，打出租，司机嫌近欲谎称不认路拒载，被我指出并严词质问，结果司机恼羞成怒一路猛开，感觉要和我同归于尽似的。"可见其人，之前也是个青涩、自认为有理就可以的少年，但是他会通过最后的问题做反思。

关键词：建立企业文化

　　非常有意思，很会说话的老板不一定特别关注公司内部的沟通情况，因为他感知不到"沟通不畅"带来的问题。但是不会沟通的老板，每天都会被这类问题卡住，所以他就有可能不断思考，如何系统化解决沟通的问题。企业文化是一家公司规则的综合体现：我们是一群什么样的人，准备做一件什么样的事，将以什么样的方式去做。

　　而在"以什么样的方式去做"这个点上，张一鸣非常关注"坦诚沟通"。4月，他连发三条微博，表达坦诚沟通的重要性。第一条："能否坦诚沟通是公司团队管理的主要问题。"第二条："别装，做个坦诚真实的人。团队中都是坦诚真实的人，沟通成本将小很多。"第三条："在这个信息流动越来越快、越来越透明的社会，从经济的角度来看，做一个表里不一的人成本越来越高，龌龊的人会越来越倒霉。不装不但是一个道德品性优选，而且也是更经济的选择。"

　　在做事方式上，张一鸣还关注抓重点的能力，他认为能够迅速get

the point（弄明白）和 get to the point（抓住重点）是很好、很重要的两个素质。在公司内部的沟通会上，他发现自己"最近老拿《植物大战僵尸》为例子来和同事强调：工作中为什么要分清优先级"。

不过，做了这么多努力，团队依然还是给了张一鸣不少的负面反馈，比如觉得公司比较闷。这是很多性格内向的，或者程序员出身的老板，打造公司的通病，以至于员工上班的心情就像上坟。张一鸣反思："以前酷讯的团队倒是不闷，但是较浮躁；饭否的团队倒不浮躁，但其实更闷很多。不过平衡或者折中其实不一定更好。这周末思考如何引导改进，做到：high①而不浮躁，踏实而不闷。"

其实不仅员工害怕公司闷，老板看到大家到公司后不声不响、压抑沉闷，也会有所担心。但是在打造公司氛围上，也不能为了high而high。我的建议是，**最能激活团队的，还是共同目标的建立与认同，以及充满激情地拆解目标和执行目标，最后达成目标，让员工有参与感和收获感**。据悉，当前的字节跳动的目标管理做得很充分。

3月，张一鸣在微博里说道："算了一下，3月下旬公司将有好多位新人入职，这个月的HR工作优先级提高看来有效果了。下一步得加紧文化培训和团队活动策划。各个岗位陆续到位，冲冲！"8月，张一鸣发了一条微博："非常期待两处办公地点合并，9月份要加强文化建设

① high形容心情高昂。

和团队激励。"不得不说，2011年的创业公司，就开始提企业文化建设，这是非常超前的管理方式。

据《创业家》杂志的内容，其实王琼找到张一鸣做九九房，张一鸣一开始只想要个CTO①的岗位。但因为一直没有找到主管业务的合伙人，所以张一鸣就得兼顾日常的经营。一开始张一鸣也是非常痛苦的，比如面对他无法容忍的员工偷懒、办公室政治等问题，他当时的处理方式并不老到。但经过一段时间的练习，在王琼看来，张一鸣已经具备了一个管理者的基本素质，这也为他接下来事业突破打下了很好的基础。

3.
纠结

在前文我提到，2011年张一鸣的关键词，主要是求知，其次是纠结，这是从时间分配上来讲的。如果从结果影响来看，应该主要是纠

---

① Chief Technology Officer的缩写，即首席技术官。

结，其次是求知。因为他在思考改变他人生方向的问题——要不要换个事来做。

关键词：挑战

　　见过张一鸣的人都知道，这个人看上去呆萌呆萌的，甚至因为他很秀气，王琼带他去见朱啸虎时，朱啸虎就没相中他，觉得他太斯文了。朋友们，历史的经验告诉我们，不要完全以外貌来判断一个人，因为这样走眼的概率极大，也不要以他说了什么来判断一个人，这样走眼的概率也很大。最保险的，就是以他过去的经历，以及他未来的做事方式为依据来做判断，虽然这样还是有可能会走眼。

　　表面斯文的张一鸣，通过微博来看，实际是一个话痨（喜欢在线上发表观点）和有激情的人，他非常向往挑战。1月，他参加了大学毕业五周年的聚会，还给其他同学建议："向更广阔的天地挑战正当其时。"他的理由是，经过几年时间，大家的积累、磨炼多了，到了敢于调整的时候。他在酝酿他自己的调整——向更广阔的天地挑战。

　　1月，他说："想做的事情太多，经常要抑制自己激动的情绪。"他想做什么呢？

　　2月，他在微博上发问："过去十年，三年，一年，你做了什么可以算是大胆的事情？"他的微博在这个时候，也没什么人看，我们可以看作他其实是在问自己，他还在酝酿。

9月，他说："如果给过去五年的自己一个建议，就是激进再激进一点。"

10月，他说："不停地想应该如何让未来更精彩。"

12月，他说："谋事不求易成，具备强烈的成功动机和韧性才能成功。"很快他做了决定。

做过管理和做过投资的人，经过几年的捶打都会了解一个道理：一个喜欢挑战的人，大概率是他天生的或者由环境和自我塑造而成的，我们很难凭一己之力去改变人。所以如果想打造奋斗型组织，第一步就是严把准入门槛，降低之后的维护成本。2011年的张一鸣也在思考这个问题："突然想起《普通生物学》介绍的一个物质：多巴胺。最近愈发想起人与人之间状态的区别，是否有激情，是否在进行自我激励，是否是由这类物质的代谢水平决定了基本面。"

关键词：延迟满足

换一个角度来看，刚毕业的年轻人张一鸣三年换了四份工作，也可以理解为是在延迟满足，而不是定义为"跳跳蛙"。比如他在酷讯，年纪轻轻便做到了技术委员会主席的职位，但是他看到了无法弥补的问题，所以不满足于现有的成绩，最终选择离开；比如他在微软，没有像很多中国的80后一代，觉得在外企是很风光的，一待就是近十年，结果出来之后，才发现有可能是耽误了时间。大部分在中国的外企，都是执行机构，很难在决策层发表意见。张一鸣也看到了这点，于是果断选择离开。

他花了两年时间所经营的九九房，持续在移动端数据保持第一，按理说成绩是很好的。但是基于他个人喜欢做的，能做的，对别人有更大价值的三项合一，也许他看到了问题，所以果断放弃现有的成果，启动新项目。

在张一鸣2011年的微博里，他多达8次提到"延迟满足"这件事。

2月，他说："凡事就怕不认真，不思考。好多问题我应该能知道的，只是之前没有认真看，认真想，想当然（不是没时间）。延迟满足是一项长期修炼。"

3月，他说："最近感想：口碑很重要，人品很重要，信用很重要，越老越重要，原则要坚定。与各位分享。"

4月，他说："做产品一定要坚持面对事实仔细辨析小心求证，不绕弯不侥幸不鸵鸟，延迟满足。"

9月，他说："短期交往说话，忽悠会有溢价；长期交往说话，实在会有溢价。"

10月，他说："三年前和朋友聊天，问他对合作者、对人才看重什么，其他点我已经记不住了，唯记住：不装。我当时愣了一下，随后越发觉得有道理。经常要提醒自己，这也是延迟满足的一种锻炼。"

11月，他说："高中的时候，经常发现自己一年前喜欢的一首歌忽然流行起来。最近，发现一个好用的服务，经常是在推出三年之后才火热起来。这个时间就是创业的耐心。"

11月，他说："智慧的常见敌人：未延迟的满足感，经验带来的麻痹或恐惧。"

12月，他说："路径依赖的强弱可表征延迟满足感的程度。"

关键词：关于创业

九九房是张一鸣的第一次主导性创业，用他自己的话来说，是他做今日头条前的演练。很少人只通过看书，就能达到知行合一。成长都是极其痛苦的，它从谋划开始，由实践——碰壁——学习这样的循环构成。这个过程会裹挟很多支持你的人以及资源进来，随着事情的慢慢发酵，这件事不仅仅只是你一个人的事，但需要你去背负，轻言放弃，并不那么容易。

4月，张一鸣写道："创业忌未思进，先思退。"他在想什么呢？也许是在纠结，要不要放弃手头的一切，重新开始？跟所有创业者一样，停止，意味着投资人的信任、同事的付出都将可能付之东流，这里面是有感情成本的。那么如何决策？可能就要用到张一鸣自己的理性加延迟满足的那一套行为准则。

11月，张一鸣当爸爸的第二天，他在微博上写道："创业就要像生小孩一样：准备好体力，用长劲，快速换气；喊疼和抱怨没用，专注加努力，关键时候坚持再坚持一把！"很好地将现实转化为理论，并指导实际。

12月，他在思考创业项目类型："创业的事情最好既有意思又有价值，务实角度优先有价值，喜好来说提权有意思。"

第二年春天，他创办今日头条。

第三年：
2012，CEO修炼法则

1.
人和人的差距在哪里？

有位来自美团的朋友跟我说："你所描述的头条的那些特性，都是我进入美团就司空见惯的。"还有一位朋友说："看到你研究头条，我真心建议你也应该来看看小米的组织变革。"

很高兴的是，这些来自大公司，亲历过规模化组织管理的朋友，能在我的这本书中找到一些共鸣。这也跟我所预期的东西很像——管理的底层都是相似的。

　　如果我们想让战略目标得以实现，规模不断增长的团队得以协同，我们就不得不去遵循一些"真理"——尽可能地选择我们需要的人，尽可能地让大家接近共同目标，建立与之配套的文化，不断把目标拆解到每一个成员，并建立相应的指标系统。通过琐碎且耗费心力的过程管理，来帮助和保证大家的产出。而且在这个过程当中，尽可能地加速。如果有人被验证确实不行，企业应该毫不犹豫地按照规则进行及时淘汰；如果有人产出优秀，就应该得到及时激励。因为这既是对目标负责，也能给全力以赴的同伴信心——我们真的打算做好这件事。当这件事情做完之后，我们不仅收获了目标成果，也收获了团队和自我成长。

　　书看多了，你会发现好书的底层逻辑都是相通的，讲的都是相关联的一回事。这个道理，也适用于组织打造，你看，重要的管理原理几句话就能说得很清楚。

　　尽管我认为，在创业之初，创始人就应该关注团队建设，但企业在发展过程中，每个阶段的重点又不一样。比如初创期，活下来最重要，你得提供市场所需的产品。等到产品被验证，就需要验证你的供应链能力，你是否有规模化上量的能力。往往到了这个时候，企业主才会关注到组织的打造。因为团队不再是老板一声吼，就可以做出齐刷刷的动作了。由于团队滋生出来的各种弊病，加上经济周期的起起伏伏，让上量这件事总是坎坎坷坷。如果早期基础没打好，这个时期的企业主是最痛苦的。因为他搞不懂为什么团队突然就失去了创业的活力，为什么公司就他一个人想事情，为什么大家都不愿意承担责任。

危机当前，保命要紧。创业者是最爱学习的群体，有人选择自己看书，有人会去请教牛人，还有人选择上培训班，看看成功经验到底是什么样的。学习的需求太旺盛了，以至于针对创业者的培训班一般都很贵，几千，上万，甚至几十万不等。总之，条条大路通罗马，你总有办法知道这套外表包装不一，但其实内核极其相似的管理方法。

说起来，这些创业者学习的效果究竟如何呢？我有位朋友的发言，可以代表一部分人的观点。他说："看这些成功人士的做法有什么用，他的成功能复制吗？我懂得了很多道理，却依然过不好这一生。"

道理都是朴素的，人人都听得懂的，建组织说起来无非就那几个动作，但落实起来却如去构建万里长城一样复杂。可为什么有人能够做到，有人就做不到，知行合一的难点到底在哪里？说来说去，有四个字很重要——克服人性。中国人讲贪嗔痴，西方人讲七宗罪，一般来说，企业主私人喜好越多，企业经营和组织打造就越困难。

那么如何克服人性呢？我的读者、浙江浦江农商银行董事长李九良概括的一句话挺好："只有增强'两感'——强烈的危机感、坚定的方向感，方会持续激励你与人性做斗争。缺乏'两感'的人和组织，很难持续对抗自己的懈怠、恐惧。"

2012年的张一鸣，创建了今日头条。按照相关公开信息的解读，通过算法做内容分发，是张一鸣一直看好且非常想做的方向。时也命也，从此他的事业和人生都得到了提速。这个过程中，今日头条也是九死一生，想知道详细信息，可以查看今日头条发展至今的所有负面新闻。直到今天，一些公众之困惑，还需要他们的答案。公众的质疑，团队的青涩，巨头的围剿，不难从中推断，这个团队是少不了危机感的。

80后的张一鸣和我们所有的创业者一样，都是凡人，有自己的七情六欲。但他有自己的特点，他像"驯化自己最引以为傲的算法一样调试和迭代自己"，"他真的像机器人一样工作"。创业公司的困惑，大都可以去大企业的成长过程中找找答案，接下来我们看看张一鸣是如何克服自己的人性的。

2.
克服恐惧

据小道消息，张一鸣的性格偏纠结。纠结的背后是什么？选择意味着风险和代价。做出一个选择，就意味着会伤害某一部分人的利益。所以一些共情能力高的人，在面对选择时，容易以各种形式来逃避。最后这种做法不仅伤害了被选择的对象，也伤害了自己。但普通人又很难抵挡当下的恐惧——做选择，伤害立马就会产生；回避，产生的伤害虽然会更强烈，但是会稍晚到来，能拖一时是一时。

2月，张一鸣在微博上说："理解为什么别人这么清高。你每给别人一个不坚决的回复，就给人带来一个期望，给你带来一份烦心。"也许他意识到自己的不确切回复，会带来很多很多烦恼。不光在创业公司，很多两性关系的惨剧，也源自模棱两可的信息传达。

2月，他说："信任大大影响交易成本。"我们为什么不信任别人，因为我们害怕自己被伤害。但你不信任别人，直观结果就是，别人也不信任你。作为老板，你对身边的高管都将信将疑，结局就是你会被孤立，你会患得患失。没有信任做润滑剂，战略目标的推进将会事倍功半。幸好，从目前的公开信息看，还没人说张一鸣是个疑心重、不放权的老板，可能是克服得不错。

3月，他说："在公司说话要减少铺垫。"当我们要宣布一项决策时，也有可能会伤害到一部分人的利益。所以很多管理者基于恐惧，说话时喜欢绕圈子，铺垫和废话太多。这就有可能削弱关键信息的传达，讲了半天，团队不知道他要表达什么，也难怪政令出不了会议室。所以"久经考验的"张一鸣给了CEO们建议："当感到沟通困难时，最好的沟通方法不是想太多技巧和说法，而是更坦诚地沟通。"

需要克服"坦诚地说出心里话"恐惧的，不止张一鸣一人，还有他的团队。2月，他说："我总鼓励员工大胆和上级说出心中的期望，不要考虑合不合适。虽然这些期望经常不能达到，但可以灵活调整和沟通。如果不说，它们最终转成别的形式来满足甚至导致人员的流失，损失更大。为人友好的员工经常为公司考虑，不好意思提，其实不提不好。"

为什么团队不敢说出心里话，害怕自己显得蠢，害怕被嘲笑，害怕被报复。想要尽可能减轻这种恐惧，创业者有义务打造一个能说真话，能接受真话的组织环境，有效的方法就是以身作则。

除了创业高强度的劳动，不见得有多大回报的恐惧，也盘旋在年轻的今日头条团队上空。2月，他说："今天和朋友谈lifestyle①，我说：把面试、合作交流当作和闲聊、聚会一样有趣的活动；把分析竞争对手数据、体验产品当作电影电视一样沉迷；把讨论分享、团建当作'腐败聚会'类的活动。工作、创业一定不会比外企、国企的休闲生活差！享受它！"

可惜的是，如此自我调节的张一鸣，3月还是遇到了问题：因为工作挑战过大，节奏过快，吓跑了刚加入第一天的新人。张一鸣说："虽然我觉得小伙子一个月之后应该就能适应并享受，但愿他不是去那些'毁'人不倦的公司。"

---

① lifestyle意为生活方式。

　　张一鸣是一个迷恋挑战的人，对于创业他倒可能没什么恐惧，而且他也不认同大家所说的恐惧。秋天的8月，他说："最近听到不少说法，说现在小团队创业越来越难。但一年前却弥漫着'创业挺容易的，基本都能成'的说法。其实容易的时候也没这么容易，难的时候也没这么难，这么不坚韧、易动摇，那确实有点难。"

3.
克服惰怠

　　四体不勤、五谷不分的懒惰是显而易见的，而创业者的惰怠往往是隐形的。他们忙到顾不上妻儿老小，披星戴月，最后身体都可能受损。但实际上他们可能一直在自己熟悉的路径上打转，走不出来：偏向于做紧急重要的事，而不会去提前规划不紧急但很重要的事；偏向于就问题给出解决方案，而不是系统化地解决问题；偏向于骂团队不给力，而不是去想办法帮助一起分解步骤，或者去找更能胜任的人。以致整个团队赔上血肉之躯，跟着瞎忙。

　　懒汉的懒惰也就是伤害了自己，以及关心他的人；创业者的惰怠，不仅伤害了自己，还伤害了全体员工以及他们身后的家庭当下及未来的幸福。

2012年的张一鸣，也在思考自己的惰怠。2月，他说："步骤比方向更难。"方向一旦定下来，不会轻易改变。但分解步骤既考验专业和提炼的能力，还得天天埋在琐碎里，克服这份枯燥就不容易。

张一鸣的思维方式很有意思。有个叫石振勇的网友在我们公众号里留言，说起了这样一件趣事：张一鸣在微博上回复他早期员工的一个困惑——回家后不想看书怎么办，他认真地帮忙分析，像个心理学家，而不是成功学家。他说："一次别以看一本为目标，比如以看5页为目标，当下的力量0.1 > 0。"这条回复很牛，为什么？因为不仅给了方向，而且还给了行动步骤。

在自己熟悉的路径上打转，是CEO们比较常见的惰怠形式。2月，张一鸣在微博上提醒自己："Live differently①：需要不一样的眼光看问题，并能做出不一样的决策。"

很多公司还有一种惰怠，就是"做事不留痕"。活动做了一场又一场，经验和方法都在老大的脑袋里，永远长不到员工的心里。老板不迭代，公司就没有办法迭代。这样的公司注定长不大，也很难培养出真正的人才来，因为经验没有得到很好的传承。3月，张一鸣说：

---

① 意为：活得不一样。

　　"Formalize decision-making process[①]，招聘、人事变动等重要决定上更应该如此。不是形式上的正式，而是正式地思考并决定，并且写下来。这样能避免'不认真'，并使将来的复习提高有了基础。"

　　3月，张一鸣反思："自己之前还是看问题多，看机会少；做安排多，下决策少。改进。"对很多公司而言，用"不要用战术上的勤奋，掩盖战略上的懒惰"来批评，是恰当的。

　　4月，张一鸣反思："生活中不是缺少挑战，而是缺少自我要求。"翻译一下是，机会总是有的，就是很少有人真的逼自己去挑战。

　　7月，张一鸣反思："什么叫'实在不行就××'。工作中说这句话多半是降低要求。"

　　这一年，张一鸣除了反思思想上的惰怠，还反思了自己行为上的惰怠。比如4月，他要求自己在放假前，做好工作计划。6月，他反思自己行动慢："最近已经3次了，感觉不错的人，想再考虑下，过几天尝试和他联系，然后，然后发现这个人的微博说明变了，去新东家了。Action！Action！Action！[②]"

---

① 意为：让决策过程形式化。
② 意为：行动！行动！行动！

4.
克服短视

在《思考，快与慢》里，作者提到了人类靠两套系统来思考，一套是下意识的反应，另一套是理性思维。理性思维能够发挥作用，需要人类的自我训练。第一套系统是祖先传给我们的，根深蒂固地存在于我们的基因里，以保障我们在当下能够寻找到食物和避免危险。这套系统不好的地方就是我们很难抵挡短期的诱惑，尤其是在愤怒、高度压力，以及饥渴的时候，我们很容易做出不理智的选择。

试想一下，如果唐僧走到女儿国，看到漂亮又有权势的女儿国国王，舍弃了西天取经的大业，决定留下来了，他身边的猪啊，猴啊，马啊怎么办？不要觉得没什么，大家可以一起在女儿国享乐啊。失去了梦想的人，就是任命运宰割的羔羊。

1月，刚刚决定调整方向（从九九房到今日头条）的张一鸣在微博上留言："练习保持耐心，即使是在快节奏和有压力的情况下。"重启机器最费油，磨损最大。当事人的压力越大，越是能考验当事人的时候。

2月，张一鸣说："宋江太想套现了，从来就没野心博个大的。"原本在梁山上几无折损的兄弟们，被宋江带着投诚朝廷之后，有的战死，有的被朝廷陷害，最后有好结局的没几个。所以这里对比一下，唐僧要比宋江高啊。

要做到有耐心，克服短视，有什么方法呢？在个人成长上，1月，张一鸣提了一条建议："Stick to truth. Stick to target.[①]"他还建议大家多看看传记，包括《阿信》那样的电视剧也可以，看看别人的风景和旅程，更容易想清楚自己的选择。8月，他发问："我们希望莫忘初衷的原因是什么？"将军赶路，莫追小兔，正如张一鸣8月的喃喃自语：有一种特质是"对最重要的结果不顾一切地强烈追求"。

在组织打造上，如何克服短视呢？2月，张一鸣说："组织的成果都在组织之外，所以不要把做完了某某项目说成成果，而应该始终关注对外体现的成果，如用户在什么方面的体验得到了提升，公司在业界得到了什么益处。"完成不是硬道理，产出才是硬道理。3月，他说："经验：当无法选择或判断的时候，离远一步，远到用更重要的原则和更长的时间尺度来衡量就清楚了。"

5月，张一鸣强调除了提高招聘门槛，还应该投入组织结构和运行方式的优化，以减少反复修修补补的工作和提高讨论交流的有效性，减少平庸的重力。

不说谎的人，可能都曾承受过说谎的痛苦，不管是自己骗过别人，还是被骗过。9月，张一鸣说："谎言的最大弱点，就是很难编圆

---

① 意为：直击真相，直击靶心。

了，说越多越不圆。"10月，他在这条微博基础上，加了一段阐述："我一直认为这个世界越来越透明，所以有两个原则越来越重要：1.不要假设别人不知道而把底线降低，要做就得做到如果公开也完全能承受。2.如果是隐私就不要上网留下痕迹，包括QQ、SNS、微博、网盘……"非常同意，做一个事事都可以摆在阳光下的人，长远考虑，人生真的是舒坦啊。

5.
克服情绪化

情绪化，是经营企业的大敌。去大部分公司看看，如果说我们50%的工作时间被会议占领，那么其中估计又有70%的时间充斥着情绪化，以致模糊了我们要达到的目的。

假如一场高管会议要花掉3小时，每位高管的平均时薪约为220元（以月薪5万元，每月22个工作日，每日工作时长10小时来算），与会人员10人。那么抛开所有硬件设施成本，这场会议的人工成本是6600元。如果70%的时间用于发泄情绪，给公司带来的浪费就是4620元。

这还是可以计算的成本，无法计算的成本是这些高管所带来的负面情绪，对中层、基层员工的负面影响，从而导致项目的消极推进。如果公司经营者不能正视情绪化，并解决管理团队普遍存在的情绪化的问题，那么大家就只能被情绪化拖在泥坑里打转转。

"机器人"张一鸣并不是天生的，他有自己的修炼过程。1月，他在微博上说："应该让肾上腺素和理智一起发挥作用。"祖传系统固然让人兴奋，但必须保持理智。1月的北京还很寒冷，正在做业务转型的张一鸣估计是很兴奋的，他还说："重新复习一下：speed up & slow down①。"

6月，他说："记录下影响自己心情的事情类型、恢复时间，总结方法，提高免疫力，直至彻底免疫。"这真的很像在用迭代机器人的方式来进行自我迭代，这种方式蛮好的，建议有兴趣的年轻人可以学学。

在我看过仅有的几页《理想国》里，有一段话对我影响很大。苏格拉底问一位老者："你老了，感觉怎么样？"老者说："我觉得很幸福，因为我终于成了我自己，而不再被欲望所驱使。"如果我们可以用一种方法，尽早成为自己，去完成自己想完成的事，而不是被多巴胺驾驭着横冲直撞，就好了。

---

① 意为：加速以及保持冷静。

　　即便是张一鸣，想要锻炼自己的极致理性，也需要时间。8月，他反思："工作上理性，生活中感性。如果反过来则易一团糟。"有时候绝对的理性并不能解决所有问题。9月，他说："有难度的不是并发①地工作，而是并发多种心情地工作，难怪朋友说要练淡定。"可见，是人都有闹心的时候。9月是他"反情绪化"的大月，他还总结了一个公式：理性的思考×感性的行动=纠结。

　　这个月前后，他见证了五个从准天使轮到B轮的不同融资阶段的团队内部出问题，感叹道："全力以赴成功都难，内部还出问题就基本没戏了。国人注重面子，偏感性，好的机制也不普及，团队相对更容易出问题，而且问题不好解决。"通过大半年的练习，这一年9月，张一鸣最后发表了关于情绪化思考的微博："能让我郁闷的事情越来越少了，但是重要的bug②事故总还是能让我郁闷。"

　　情绪化可能由多种原因导致，比如吃的食物的刺激、过度的压力、睡眠的不足等等。张一鸣的自我迭代之路，应该还很长，12月新年交替之际，他留言勉励自己："怀旧不恋旧，迎新不休息。"果然是加班狂人，自我迭代猛人张一鸣。

---

①　在操作系统中，并发是指一个时间段中有几个程序都处于已启动运行到运行完毕之间，且这几个程序都是在同一个处理机上运行。

②　bug指在电脑系统或程序中隐藏着的一些未被发现的缺陷或问题，简称程序漏洞。

6.
克服过度自我强化

　　自我强化，是一个心理学用语，本意是人们根据自己的观察、判断来安排自己的活动和生活，每达到一个目标就给自己一些奖励。自我强化时，人们倾向于做出自我满意的行为，拒绝那些个人厌恶的东西。自我强化的尺度很难把握，尤其是在创业的过程中，当你通过自我判断，觉得那是对的，但市场并不这样认为，用户（员工也是用户）并不这样认为的时候，创业者就有可能陷入"自嗨"的境地。那些不愿意跟着"嗨"的客户以及员工，自然就会远离你。留下的，可能是找不到更好出路的人，配合你来上演一场一群人的狂欢，其实是你一个人的寂寞。

　　自我强化过度的人，容易对过去的成功经验着迷，而事实上这些经验已经过时了，放在现在用，就变成了形式主义——迷恋走流程，但产出不了结果。2012年是今日头条搭建产品的元年，除了组织，就是产品最能体现创始人的性格特征了。张一鸣开始认真辨别哪些只是提供了安全感的、"自嗨"的动作，哪些是有效动作。

　　2月，他说："做产品确实是反人性的，一激动一紧张，就无法体会用户的感受了，并且容易自我强化，轻视用户。既要放松，又要敏感不漏。最后，即使想清楚了，还要能保持强大合适的节奏。"这也是我在做咨询中，讲到创业公司开会的方法时，特别强调"除非有特例，老板尽量最后发言"的缘故。如果全程都是老板在表达自我强化的内容，本身雇佣关系又是不平等的——老板当然是权威，加上人都有多一事不如少一事的心理，最后就变成了老板的独角戏。

当然这里也要避免走入另一个极端：本来想让大家畅所欲言，结果变成了吵架。总之，无论建组织，还是做产品，都如张一鸣所说"既要放松，又要敏感不漏"。

3月，张一鸣说："堆砌的产品不会带来安全感，准确的抉择才会。"此时的今日头条团队，应该在紧锣密鼓地搭建产品。在很多公司，我们观察到的现象是，如果没有清晰的目标指引和过程管理，团队特别擅长做一堆动作，就是不擅长做有效动作。

如何避免这种"自嗨"的团队现象呢？张一鸣提了几点自己的看法。

第一，贴近事实。

4月，他说："没有捷径，如有的话，就是比别人更靠近事实。"

第二，用户说好才是真的好。

4月，他说："想了，做了，做了一些了，可以完成，完成了，完成好了。只有让你的用户都很好地体验到了才是完成好了！"

第三，要做必须做到非常好。

4月，他说："做不好的就别做了，要做就必须做到非常好。"

第四，少谈些主义，多认真解决问题。

5月，他说："少谈些主义，多认真解决问题，做一步看几步。为理想而奋斗的努力没有解决好现实问题，忽视了需求，好人也没办好事。"

第五，忌愿望式分析问题。

6月，他说："8个案例错了4处，工程师说：'我再看看它们是不是个例。'我说：'你是不是希望问题是个例，而不是分析它们是不是问题。'——不能愿望式分析问题。"

老板们的自我强化，还体现在工作中的点点滴滴。比如很多老板喜欢看到员工加班。加班并没有什么不对，员工的任务没有完成，且在规则之内，就应该加班。因为你在公司必须要有产出，公司可不是慈善机构。但是很多老板只关注加班这一现象，而不去看产出，最后就导致了形式主义。一看到大家晚上十点半都还在，就有安全感。殊不知，大家都是很苦恼地做给你看，因为你喜欢嘛。

据网络搜集到的信息，字节跳动也是有加班倾向的公司。但因为他们的目标管理做得很好，所以庞大到5万人的规模，基本能保持高速发展。2012年3月，张一鸣说："要求大家提高效率，保持好早上和下午的状态，准备从今天开始，晚上10点就赶大家下班。"不要沦为享受员工加班的老板，享受他们的效率才对啊。

创始人的自我感觉良好，也是企业发展的大忌。如果你切实感受到你的老板很自满了，那你就要小心了。可能公司接下来，大概率就要进入存量市场的搏斗，内斗就会很厉害，不要把青春交付给这样的企业。3月，张一鸣说："有感：人生的差距就是在自我感觉良好中拉开的——与朋友共勉。"

我们小时候可能都遇到过这样的同学，超级努力，清晨5点起来读书，晚上12点睡觉，但是考试成绩只能算中等。我们不是嘲笑这样的同学，他可能是由于方法不对或者其他原因。但我们应该警告自己的是：不要用早出晚归来自我强化，自我满足。6月，张一鸣微博道："以大多数人努力程度之低根本轮不到拼天赋。我的版本：以大多数人满足感延迟程度之低根本轮不到拼天赋。什么是努力？早出晚归、常年不休的人很多，但差别极大，区别好像不是努力。"

如何判断自己过于自我强化了？张一鸣有一个判断方法。10月，他献策："判断自己对不同事情的态度是乐观还是保守：记下自己的预测和实际结果，看平均差值。问题是你是否愿意估计得更准？似乎乐观和保守的人都并无意愿去纠正。"感兴趣的朋友，可以跟我一样试一试这个方法，而且我也打算调整自己的判断，以免误导同事和朋友。

7.
不断迭代自己是能有所成就的底盘

张一鸣2012年的微博内容就分析到这里，最后再推荐我最近看的两本自传。一本来自在"今今乐道读书会"上同学的推荐。我一直认为人一辈子能做好一件事就了不起了，但是有一个人居然是通才，在政治、科学、哲学、文学等领域都有极其重大的贡献。这个人就是美国开国三杰之一本杰明·富兰克林。他一定有一套通用的逻辑来帮助他成事，我很好奇，所以抓起《富兰克林自传》就开始读。

另一本是《安迪·格鲁夫自传》。起因是我在给创业公司做组织辅导的时候，一般都会关联到OKR的使用，而格鲁夫缔造了OKR最初的模型。这次我研究张一鸣的微博，安迪·格鲁夫的名字也不止一次被张一鸣所提及。那么这个让张一鸣、任正非（华为也推行OKR）受益的人，到底是一个什么样的人呢？我好奇，赶紧拿来读读。

通读完这两本书，我发现这两个人虽然各有其不同的家庭背景、性格、成长过程，但是有一点是相同的，那就是顽强的生命力。每个人一生所遇到的困境大体都差不多，比如原生家庭的缺陷、青春期的烦恼、朋友的背叛、事业的不顺心等等。在这些相同困境之下，人和人之间的差距就显现出来了。有的人选择颓废，在泥坑里躺着；有的人就是不服，就是能越挫越勇，不断学习，不断迭代自己，寻求更好的着陆点。富兰克林和安迪·格鲁夫就属于后者。

字节跳动创始人张一鸣，到目前为止，根据公开信息和我们的研究，也属于后者。我们很难打包票，张一鸣以后一辈子就是这样的人，字节跳动必然能够常青不败，因为历史上昙花一现的商业现象比比皆是。毕竟张一鸣也才38岁，很多一开始开放的人，到了后期，自我满足了，"老了"，也会选择封闭。

宝刀不老，持续迭代，终身成长，才是有趣的人生。

2.

极致的自律

时间管理法：少应酬，少客套

目标管理是企业管理的核心。高效的目标管理，是让集体达成目标，让个人得以自我实现。

若想实现远大目标，最珍贵的材料是什么？是金钱？是人才？

确切地说，最珍贵的材料是时间，时间组成了我们的生命。一天的时间只有24小时，这对任何人都是公平的；时间过去了就再也回不来了，是不可再生的。

时间管理，是目标管理的关键环节。

如果我们定了一个远大而难度系数高的目标，但是时间却花在了与之不相干的事情上，那么所谓目标达成，就遥不可及了。

我跟我的团队始终专注于辅导企业管理层的目标管理能力，我们发现时间管理能力的缺失，是普遍的现象。

那么，时间管理有没有可借鉴的案例与方法呢？字节跳动的头部管理者张一鸣，被认为是极其以目标为导向的人，可谓是目标管理实践者的典范，他非常关注时间管理。下面我们来拆解他在时间管理上的六大关键点，希望对你有所启发。

①记录自己的时间

在我们团队的卓越管理者训练营中，时间管理这一模块，提到了德鲁克倡导的时间管理经典方法论：记录时间，分析时间，系统地安排时间。

在记录和分析时间这方面，张一鸣是践行者。老板的时间，是公司的宝贵资产。只有老板的效率提升了，公司的效率才能大幅度提升。张一鸣很在意自己的时间分配。

据公开资料报道，张一鸣会在总裁办的每周会议上，同步自己的时间规划，并把他当周的时间花费，做成饼状图来做分析：招人花了多少时间，学英语花了多少时间，等等。"（他）通过分析来观察和纠正自己的行为，看在哪个领域的事情可以有更优的效果。"

如果没有"记录"这步动作，时间花了就花了，我们很难察觉自己生命里确切发生过什么，那么就很难去做自我提升。

②Stick to target

"Stick to truth. Stick to target." 这是张一鸣在他的微博上留下的一句话，意为直击真相，直击靶心，这也是时间管理的关键所在——不在模糊地带浪费时间。

何谓直击靶心？举个例子，张一鸣的恋爱经历。

《人物》杂志曾报道过张一鸣追他老婆（初恋）的故事。他不希望自己在恋爱这件事上浪费太多时间，那么如何做呢？他说："世界上可能有两万个人适合你，你只要找到那两万分之一就好了。就是在你可接受的那个范围，近是最优解嘛。"

但他老婆一开始并没有相中他，直接就拒绝他了。张一鸣怎么办？继续帮助修电脑，继续约出来玩，继续在线聊，之后两人就牵手了。

已经确定这是你要的目标，执行起来虽然有点难也没事，专注，直击靶心。

因为偏离自己的最佳目标，偏离自己的初心，实际上就是在浪费时间。

③习惯于规划

张一鸣除了有记录时间的优秀习惯，他还有做时间规划的习惯。比如说，他在假期前就会开始考虑，这个假期的时间该如何花掉。

关于假期如何规划时间、安排工作的情况，他的微博和朋友圈提到过三次：

第一次：给两天假期的计划。有效性的第一步：知道时间都花在哪里，排出工作优先级。

第二次：一放假就感觉还有好多工作没做，说明做事越来越没计划。

第三次：每个周五晚上下班的时候，我常会和同事说：明天假期，我们再把×××做好。突然想到这句话矛盾啊，不能这样要求。嗯，生活工作要平衡。不过，别人"腐败"的时候我们在努力，别人消磨时光的时候我们在学习，那么延迟的满足一定会厚积薄发地来到。

在假期加班不是什么新鲜事，通过好的时间规划，能在假期高效地利用时间，这样才更有助于成长。

没有规划的忙，有可能只是瞎忙。

④抓住重点

时间管理的前奏是规划，核心落脚点是抓住重点。

张一鸣非常注重事情的优先级。比如他说："'事不过三'的新解：当前最需要关注的事情不超过三件。"

不仅张一鸣这么认为，我曾服务过的很多成长得比较好的公司，他们都强调这个概念——每家公司、每个人最该关注的事情，不应该超过三件。

为了能够更好地聚焦，做好时间管理，张一鸣和张小龙（微信创始人，腾讯高级副总裁）的理念一样：要干脆利落地减少被动活动，少应酬，少客套。

⑤承认惰性

为什么张一鸣值得学习？因为他只是一个普通人而已，跟我们一样。他的很多方法就是对自己狠一点。所以他虽然难学，但是可学。

张一鸣也经常说自己懒，各种偷懒。

在公司内部，他会推动一些主题交流会，比如：

昨天公司内部做时间管理的交流，是我推动的。不过说实话惭愧，最近两三周我自己时间管理达成的目标下降了。惰性是万恶之源。从今天开始我又有意识地加强时间管理了。

承认自己的惰性，知道自己的问题，这属于"stick to truth"，面对现实，不遮掩问题。

只有不遮掩问题，奋起优化时才不会有负担——时间管理做得不好，那就优化，加强对自我的要求。

⑥充满激情的工作态度

所谓时间管理，实际上是为了让时间高效起来。高效的前提来自于动机，如果你把时间记录了，也规划了，但你不是真的爱这份工作，也高效不起来。"热爱"是生命效率的燃料。

张一鸣很热爱他的工作，他会说一天工作十六个小时的感觉真好，很喜欢。他会说，最想吃的食物是《七龙珠》里的仙豆，食用后力大无穷且七天不用吃饭睡觉。

不吃饭不睡觉，省下来的时间干吗呢？

如果有一份工作让我们找到了这种感觉，时间管理运用起来就很简单了。我在辅导管理者的时候，很多管理者表示时间管理看着很简单，但用不好。其实问题在于，一是习惯没建立，二是缺乏对于工作和角色正确的认知，以至于产生不了热爱。

张一鸣的情绪疏导法

创业的本质，是不走寻常路。

地球本身是宇宙的一粒尘埃，我们以及身边的一切，实际上可能都没有意义。所以我们要主动赋予生活和自己以意义和价值。

热血的人们，希望通过自己的努力去挑战不可能。

可愿景是一回事，现实又是另一回事。创业并非你想怎么样就可以怎么样的。你满腔热血地往前走，总有一些奇怪的人、奇怪的事来扰乱你的心智，阻挡你的脚步。

而且他们不会因为你的心烦、谩骂、抵触而有本质的改变。

就比如说面对目前的全球化问题，张一鸣和字节跳动团队烦不烦？烦也没用。特朗普必然以他的方式为美国利益而行动，指导他行为的

KPI①是大选成功；莫迪必然以他的方式为印度和他本人的利益而行动。

我们从自我的利益出发，对他们的行为进行指摘，就是鸡同鸭讲，缺乏以解决问题、追求发展为出发点的大局观和全球观。

遇到这种难解之题，怎么办？通常来说，有两种方案：

第一，不跟鸟人为伍，打不过，我可以撤。张一鸣可以以最优策略出售公司——就像有的创业者趁疫情期间，终于把公司解散了一样——顺着台阶下来。

第二，你根据趋势、市场、行业，以及自我认知和团队能力进行判断，认定这个关口是可以突破的。

当你想了很多办法都无法突破的时候，沮丧情绪就上头了，求而不得最伤人。

怀疑自我，怀疑世界，整个人状态都不好了。工作效率低下，甚至影响人际关系。媒体说了一些话，同事说了一些话，都会伤到自己。时间长了之后，感觉自己不再是自己，再往下走，甚至会抑郁，甚至会想到放弃。

第二种放弃，和第一种放弃，性质不一样。

张一鸣在创业初期是如何应对情绪问题的呢？我归纳了一下，可分三步走：

---

① Key Performance Indicator的缩写，意为关键绩效指标。

1.利用情绪，更好地与情绪为伍；

2.克制情绪，保持冷静和耐心；

3.直面问题，学习解决情绪问题的办法。

更好地解决情绪问题，才能让我们更聚焦目标。

1.
利用情绪

海浪已经预知了一切——有浪峰必有浪底。当舆论极有利于你的时候，就需要做好思想准备：泰极否来。这个道理不仅适用于字节跳动的现状，也适用于很多职场人。很多职场人发展得特别好，业绩特别突出，公司特别认可，那么之后，必然就会迎来一个大难关要过。

当问题出现的时候，大部分人选择逃避问题，不承认问题，放任自己变得情绪化。问题短期内不解决，你就会变成别人眼中那个看不清自我的糊涂蛋；问题长期不解决，你此生也就这样了。

秉承高远目标的实用主义者张一鸣，是这么看待情绪的："不自觉的满足感是深入思考的敌人，适度可管理的沮丧则是帮手。"

当我们的生理和心理，对外界的信息出现不适反应，比如失眠、焦虑、食欲不振等等，其实是在预警——你不能只用之前的方式来应对当前的问题了。

眼前的成绩可能会让你陶醉。如果你是一个有远大目标的人，适度可管理的沮丧会提醒你，嘿，别在这里久待，你得升级了。

可见，情绪并不是坏事，看你如何应对。

2.
克制情绪

情绪会让人变得异常：喜怒无常、不好沟通。

在这样的情况下，人很容易做愚蠢的决定，说最无脑的话，伤害他人和自己，以至于去破坏自己的目标。

要克服这一切很难。

比如张一鸣对于全球化有自己的笃定，但是股东怎么想，员工怎么想，都不为他所左右。而且人家还会给他最后的期限，不在这个期限之前做出有利于他们的决定，他们还有可能罢免他，也可能让公司的资产化为泡影。

被投资人、团队、个人声誉、市场裹挟的，并不只有张一鸣一人。

而应对这一切，张一鸣的基本法则是：保持从容和冷静。

张一鸣提醒自己："练习保持耐心，即使是在快节奏和有压力的情况下。"

当外界不断挑战你，否定你，人往往会产生应激反应，走向另一个极端：不管事实是什么，先自我保护，自我强化，自我肯定。

张一鸣提醒自己："想法的自我强化有逃避现实的嫌疑，首先可以做的是从容淡定一点。"

常听人用"打翻了五味瓶"来比喻复杂的心情。人在旋涡里，很难用一种心情来形容自己。比如张一鸣应对全球化问题，有恐惧，有压力，有困惑，或许还会有成长感。

张一鸣曾说："有难度的不是并发地工作，而是并发多种心情地工作，难怪朋友说要练淡定。"

对办公室一族来讲，在会议中保持淡定的效果立竿见影。那些有人吵吵嚷嚷，大发脾气的会议，通常来说效果都一言难尽。

大部分会议我不喜欢富有激情地开，人一激动，态度就不认真，思考就不理性，讨论就不深入。

3.
直面问题

张一鸣的心态管理法则中，有一句非常经典，那就是："在不来劲的时候来劲，在太来劲的时候淡定。"

感觉自己有点飘的时候，提醒自己该淡定了，该为问题做准备了；在沮丧的时候，就需要打起精神来，思考问题的解决方案了。

情绪极度消耗人的精力和健康。

把人从痛苦的深渊里解救出来的唯一办法，就是直面问题，解决问题。

对张一鸣这样一个善于解题的创业者而言，如何解决问题？其中很重要的步骤，就是学习。学习才能获取就该问题之下新的知识，更多样的知识。

只有信息掌握得够多，才能尽可能地勾画出事物的全貌，才有可能找到问题的突破口。

思绪连篇不是思考，这样费神，认真学习方能振奋精神。

成为更好的自己，长期有效

张一鸣说："Develop a company as a product." 这句话还可以用张一鸣的另一句话来诠释——字节跳动的核心竞争力直接来说是我们的产品，产品背后是我们的技术系统，技术系统背后是我们的团队和文化。

市场对张一鸣的赞誉是他作为CEO的大局观——他最重要的产品，是字节跳动这家公司。

CEO的思维能够到这个层次，已经非常厉害了。但通观张一鸣的思考，其实公司这个产品背后，还有一款产品，那就是CEO他自己。

自我反思，忌自我感觉良好，打磨"自我"这款产品，是张一鸣的日常，具体他是如何做的，我们稍后揭晓。

先来说个常识——大道至简，优秀的公司都是相似的：

一是踩中了时代的需求；

二是有一个励精图治、对自己没有什么错误认知的老大；

三是有一支蓬勃向上的团队。

这三者缺一不可。

1.
自我感觉良好，英雄毁灭之路

在舵舟主题为"高管的成长与退出"的CEO私享会上，提到如何进行"管理层上下目标对齐"这项命题时，有个小伙伴说："我以前的公司（十年前的某巨头）的老板，在这方面就做得很好。当时公司大约2000人，他会在每个月跟全员进行目标讲解，告诉大家，公司最近发生了什么，有什么改变，希望大家努力的方向是什么，提出的要求是什么。老板做完目标拆解后，还会长期在一线沟通，了解大家在忙什么，需要什么样的帮助。"

　　小伙伴说，每当老板做了全员目标对齐之后，大家就会觉得干劲十足，每个人都能感受到公司蒸蒸日上。其实大家当时拿的钱也不多，但就是干得开心，觉得有奔头，加班都无所谓。

　　我们听了都很震撼，因为这个老板现在看上去根本不是他描述的样子。

　　我们就问："后来是怎么走下坡路的？"

　　他想了想说："是从我们再也看不到老板开始的。"

　　那么问题来了，老板干啥去了？

　　成功后的老板，面对的世界是怎样的？让我们来勾勒一下：

　　之前——长期艰苦奋斗，吃糠咽菜，点菜时菜单都是从后面看起的，吃点主食就可以了；

　　现在——日进斗金，公司账上的钱以亿为单位，上不封顶，点菜再也不看价格了。

　　之前——很少有人认可你，大家都觉得你异想天开，都不看好你；

　　现在——走到哪里都是明星，谁都想请你指点指点。

　　之前——做个业务好难，一个创业明星成功之前，平均要坐冷板凳七年；

　　现在——要做个什么新业务，甭管是否真的能成，钱、人、资源哗哗上，瞬间就能赢得市场关注。一场发布会就能花掉好几千万，大家沉浸在想象的未来的成功中。

面对这么大的变化，谁能不自我感觉良好，谁还能把自己当个普通人？

一旦不把自己当作普通人了，做决策的时候，就容易被作为人的局限性拉至偏离，把自己当作神。觉得自己成功了，对于如何做好公司这款产品，已经轻车熟路了，能力大到可以遥控指挥一切了，而且天下英才尽在我掌握。

高估自己，低估未知是一个认知陷阱，我们并不知道自己其实不知道。

而外界的诱惑又特别多——成功后的商业人士，往往容易开始去玩一些危险的运动，甚至达到疯狂的地步。反正他不再像以前那样励精图治，要不就是在神游，要不就是在浪，大家很难再看到他。

公司的重要事件，将不在他的日程里出现，即使出现，也不会被严谨地执行。因为他对客户的怠慢，导致严重的商务事件。然而没人敢骂他，他也难以自知，他在一点点把公司推倒。

CEO越不在一线，他了解的信息越少，他就越自信，越走向自我强化，开始做出一些幼稚可笑，但在他自己看来合情合理的决策。

作为成功人士的你，一旦稍微有点"自我感觉良好"的苗头，身边就会有一帮人满足你：给你做假数据看，虚报成绩，歌功颂德。

可是业务还是会按照本质去走，你们没有好好做，就是没有好好做，结果不会说谎。面对稀烂的结果，你心里想，一定是团队不行，不按我的指示办。我亲自上，亲自抓。结果是老板越亲自抓的业务，死得越快。有人知道这是为什么吗？

因为公司的企业文化，已经由当初的上下同欲，变成了唯老板是从。公司的产品只有一个用户，那就是老板，客户、用户不买单当然很正常。

我在给企业高管做内训的时候，常常提醒高管们，要保持精进和学习。"自我"就是一款产品，不去做翻新打磨，就会被"折旧"。

但其实"折旧"最快的，还是CEO。

CEO的折旧之路，就是他对"自我"的封神之路。

2.
自省，专治自我感觉良好

自我感觉良好，是人的天性。不论年龄、性别、种族、经济地位或宗教背景，每个人在内心深处都相信，自己要比一般人强。

　　每个生意人都认为自己比一般生意人更道德；每个人都认为自己比一般人更诚实，更有恒心，更友善，更可靠；每个司机都认为自己的驾驶技术比一般司机更棒；每个人都确信自己了解和理解他人，要比他人了解和理解自己更多；等等。

　　这种"自我感觉良好"，也有积极的作用，那就是防止抑郁。但作为CEO，一个要对其他人负责的人，过度自我感觉良好，就会导致和上面案例中的CEO一样的结果。

　　张一鸣的这句话，值得CEO们深度体会：

　　"很早以前我就意识到，CEO角色是一个重要的挑战：很少或者没有人能够给自己提有效的要求和批评时，自己的自知、自制力和反省变得尤为重要，能从轻微的意见和异常中发现自己的问题并修正，是一种慎独。写下以提醒自己。"

　　如果你觉得这也太苦了吧，要这样每天辛苦地自我警醒，自我迭代吗？如果你想做大，做强，做好，想"基业长青"，那么，好的"自我"产品，是必要条件。

　　张一鸣有感："人生的差距就是在自我感觉良好中拉开的——与朋友共勉。"

　　如何进行有效的自我警醒？张一鸣常用的手段，就是记录下来。据查，他的具体做法如下：

1. 记录情绪

情绪化是目标导向的大敌，尤其是一个创业者情绪化，将是对团队很糟糕的示范。张一鸣是如何做的呢？

他会记录影响自己心情的事情类型、随后恢复的时间，根据记录来总结办法，提高免疫力，直至彻底免疫。

多名在职、离职头条员工的共识：张一鸣脾气好极了，是真的好，不是压抑着自己，而是真的就是个谦谦君子。他不凶人，也不刻薄地批评人，即使极不满意，也只是温和地说理，温和地鼓励。

2. 记录决策过程

团队的行为都是由一个个决策做出之后延展出来的。当我们的行为出现问题或者偏差时，有人会问，当时为什么要做这个决策？很多人会给出"忘记了""好像是因为这个""开始是这么决定的，后来又……"等模棱两可的回答。

决策记忆的模棱两可，会导致我们的思想无法统一，直至行为的游移不定，影响效率。张一鸣后来学到了一个词——Formalize Decision，即决策的形式化。要将决策作为一个明确的过程认真对待，并记录重要决策，这样将来就好做复盘，并认识自己。

3. 记录预期

创业者往往都有过于乐观的毛病，如果一个人对于未来不乐观，他也做不了创业者。但如果你的判断总是高于现实，那么时间长了以后，团队和市场也会对你不信任，觉得你言过其实。

有没有一种办法，能让人做出对未来更准确的判断呢？

张一鸣认为有，那就是记录下来。

为了验证自己对不同事情的态度是乐观还是保守，做出决策之后，他会记下自己的预测和实际结果，看其平均差值。

张一鸣说："想要让这个动作发挥效果，有一个前提，那就是你希望自己估计得更准。"不过据他的观察，似乎乐观者和保守者都并不愿意去纠正。

4. 写日记

张一鸣要求自己写日记。如何写日记，他对自己也有要求。那就是记想法为主，记事实为辅。

5. 社交记录

张一鸣和王兴都非常喜欢在社交网络上"碎碎念"，发一些自己的学习心得、心情等等。王兴是在饭否上记录；张一鸣早年在微博记录，后来在微信朋友圈记录。

这些发在社交平台的真情实感，也成了张一鸣认识自我的渠道。2015年初，他说："回顾自己去年的朋友圈，回顾了情景，回忆了心情，审视了判断，检讨了装×。"

6. 记录团队成员的建议

安迪·格鲁夫很注重沟通，他认为每月至少要有一次到两次和下属的一对一面谈，并且沟通一定要留下记录。张一鸣也是"一对一沟通"理念的践行者。沟通完了，张一鸣还会在一定周期内，回顾团队成员在一对一沟通中对他和公司提出的意见、建议，并把这些意见和建议划分为已解决、部分解决、问题依旧三个选项。

有一天，他做了以上动作之后，认识到：改进得还是不够好。

7. 记录梦境

最后一招，应该是最奇特的。如果现实生活的镜子，都不够让我们拨开层层迷雾认识自己，张一鸣建议：如果不能正视自己的缺点，试试多回忆总结自己的梦境，因为梦里不能装。

3.
江山代有才人出，各领风骚数百年

　　从历史的经验来看，创业明星的保质期，跟娱乐明星差不多，折旧率极高。这里面"死法"很多，产品不行，公司不行，归根结底，只有两个原因：一个是运气不好，一个是"自己"不行了。

　　我们没办法的事，就不去想了，关于"自己"，张一鸣式的自省，长期有效。

CEO必看：张一鸣的学习方法及推荐书单

读到此处，每个人应该心中都在寻找或已经有一个为之奋斗的人生目标。你可能也感受到，要实现这个目标好难：市场、资本、团队、产品，都有永无止境的需要解决的问题。

突破这些问题的关键在哪里？自我。

目标管理的核心要义之一，是以正确的、长远的目标为导向，雕琢"现在的自我"，将其成功迭代为"未来更强大的自我"的过程。

挑战和成长为什么珍贵，因为很难做到，是稀缺的。

所有的不确定性因素构建成各种问题、危机、陷阱，挡在我们的面前，如果我们不能以成长的视角来看待自己和外部世界，就很有可能无法突破，甚至"一夜回到解放前"。

想要突破难题，应对危机，跃过陷阱，学习是不二法门。我所研究和关注到的牛人，都是学习狂人，如：安迪·格鲁夫、查理·芒格、张一鸣、王兴。

接下来，我将借张一鸣的案例，来跟大家讲述CEO应该掌握的学习方法。

需要提前思考的问题有：

1.学习对于创业者的价值是什么？

2.行之有效的学习方法是什么？

3.如何看待学习和自我？

4.如何构建自我的知识体系？

1.
学习的价值

"创业者是孤单的。"

我们常听到这句话。这句话展示的是一个落寞的、孤军奋战的英雄角色。创业者掌握着更多的信息，看到了更远的风景，他想带着大家一起到达那个远方，可怎么说都说不通，所以很多辛苦、责任、思考、执行都只能自己扛。

这个状况听上去有点伤感，应该改变。

怎么改变？学习。

为什么学习可以让你不孤单？因为学习能让你发现有人能跟你产生共鸣，并能帮你找到更好的解决方案。太阳底下无新事，你所经历的，别人都经历过，并且前人早就总结出了多种解决方案，你可以根据自己的情况和理解，去选择适合你的。

所以张一鸣说："安静的时候觉得书比大部分朋友更好：他会不知疲倦地深入地和你交流，而无须客套，也不用搞笑；他不会即时地给你回应，但会耐心地娓娓道来，你忙碌时可以暂停，有时间则随时继续，一直到你有天遇到答案。看书本来就是和先贤联网的过程。"

创业者看书的动机是想在书中找到现实问题的答案。当你知道有这么多人都遇到过这个问题，在该问题上比你懂得多那么多，你的"我执"也会少很多，让你心态更加开放，不再只认为自己是正确的、唯一的。

其实当你能真正认真地去听听你员工的意见、你客户的意见，你会发现他们的很多想法都很有价值，而且肯定超越你一个人的思考。

如果你还做不到这样，那么先从看书开始吧。下面来看看张一鸣从看书当中获取的价值。

第一，解忧。

张一鸣说："何以解忧？烟、酒、音乐都不是，应该是一本铜版纸的天文学书。"

听说人会通过喝酒麻痹自己，以逃避现实的困难。而创业的唯一出路就是去解决问题，看上去更适合创业者的解忧方式，应该是从书中找到答案。

第二，交友。

张一鸣说，看书就是跟先贤联网的过程。

他认为，遇到一本好书的愉快，跟遇到一个非常值得交往的朋友的愉快是相似的。

他认为，读到一本好书的喜悦比得到一笔金钱更多。

张一鸣说："人生本来就是获得各种体验的过程，读到一本好书本身是非常棒的体验之一，而金钱只不过可以让你更容易获得一些体验。"

读书就是交友，只不过你不需要跟"实体人"去接触，可以直接跟他进行思想上的交流。

现实生活中的交友，也算是一种学习的方法，前提是，你的这个朋友能给你带来信息增量。

张一鸣说："'良师益友'在描述关系的时候用得不多，也显得很客气，但我一直觉得这是很珍贵的评价。"

第三，提升自我。

张一鸣说："关于消费：买书、健身、学习都属于边际成本很低的投资，对于很多人，只要你能真正完成这些资金都不是主要成本而值得大力投入的消费，你就能获益良多。综上，我非常建议大家买书、电子书，买iPad、智能手机，买健身卡、游泳卡……"

思想指导行动，行动产生结果。而获得优秀的思想除了要在事上练、难上得，高质量的信息输入也是必不可少的。

这里要提醒的是，**在商业组织内，学习应该要有明确目的。我们**学习不是为了显示自己高人一等，或显示自己怀才不遇。**当你学习的内容，能够实实在在地创造价值、解决问题，才能算作完成一个学习闭环了。**不然，能说到却做不到，其实还是不知道。

2.

如何学习

第一，明确学习的目的。

有人学习是为了获得一份好工作，然后能生存下去，照顾家人；有人学习是希望能被认同；还有人希望通过学习获取地位与尊重。每一种目的都是正当的，只要这个目的能够支撑你不断变得强大。

张一鸣说：《大学》八目中，我观察多数人比较喜欢提"修身、齐家、治国、平天下"后四目。而我比较喜欢前四目：格物、致知、正心、诚意。

《大学》的这八目，按照张一鸣的这个划分去理解，修身、齐家、治国、平天下，可以让人获得肯定，获取地位与尊重，是一种内在的外在体现；而格物、致知、正心、诚意，则更强调自我修炼，在打磨"自我"这个产品上精益求精。

第二，区分学习的发心。

有的人喜欢去深入探索一件事，有的人喜欢什么都了解一点，看到什么都好奇。表面看上去这两种人都是喜欢学习，但是最后的结果又不一样。

张一鸣说："一般的好奇心表现为人追求认识事物的短暂的探索行为，而求知欲则是一种比较稳定的认知欲求、认知需要，表现为人坚持不懈地探求知识的活动。那么看来求知欲还是更好些，但英文中似无对应的词。康德算是史上求知欲强的代表人物？好奇心强呢？是在说孙悟空吗？"

第三，掌握学习的方法。

张一鸣说："预习，学习，复习，练习——基本的系统学习过程。"

张一鸣所推荐的学习方法，小学老师就已经教给我们了：**预习，学习，复习，练习**。翻译成创业公司听得懂的话，就是**大胆假设，掌握足够的信息，充分讨论，快速测试，复盘总结，迭代实践**。

第四，提升学习的效率。

张一鸣说："需要做笔记的谈话和阅读才有质量，可怜大脑储存能力太有限。"

人的脑容量是有限的。我听一个高考状元出身的创业者说他的学习方式就是清空。当把一件事处理完了之后，就忘掉它，这样才可以留出存储空间，去记住新的知识。

的确如此，无论是看书还是向他人请教，当时觉得好，再过一段时间去想，一定会发现自己记住并实践得很少。所以张一鸣建议：记笔记。

我再补充建议：如果你认为某个知识对你很重要，还应该将笔记做成思维导图，甚至做成PPT去深化。

第五，看书在好不在多。

张一鸣说："现在可以说博览群书是一种过时的学习方式了。"

看了很多好书，但没有深刻理解，无异于暴殄天物。遇到对自己现实生活有帮助的好书，就应该去实践。

我们必须认知到，从看书到实践，这中间需要很多努力，需要很多时间，不是一蹴而就的。

和兴趣广泛，花时间去猎奇相比，看几本有价值的书，并花时间让有价值的内容长到自己的脑子里，确实更好。除非你通过不断练习，掌握了从吸收知识到有效实践的方法论和有效模型，能够极大地提升效率。

第六，学习途径的多样性。

学习的方式不只是看书，只要能获得有价值的信息增量就是好的学习途径。跟牛人去聊，去看有价值的电视剧、电影，都很好。

张一鸣的建议："听故事还是要听年长又爱闯荡的人讲的。"

"人生，和谁一起在路上，看什么风景。"王兴的这句分享，也对张一鸣有启发。

张一鸣思考："以后要让小孩多看看传记，包括电视剧《阿信》那样的也可以，看看别人的风景和旅程，更容易想清楚自己的选择。"

他也会看像《小时代》这样的电影，因为要学习。

3.
接受平庸的自我

虽然学习能够带来极致的愉悦，但是建立学习习惯的过程，一定是痛苦的。人性就是贪嗔痴，优秀如张一鸣也会欠账。

张一鸣说："尽管我距离个人年度目标的完成欠账好多，还是决定尝试看一本超难的书。不过推到春节结束前完成吧。"

曾经有不爱看书的网友问张一鸣如何建立看书的习惯，张一鸣的建议是：每天看五页，不要一下子贪多。

只要以目标为导向，坚持，一定会感受到学习带来的极致愉悦。毕竟变得更加优秀，更加富有，肯定比变得更穷、更丑、更胖要好。

当学习起来之后，就会发现我们所欠缺的，并非都是什么高精尖的知识。

其实我们长大后受的苦，很多都是因为年少时没好好学习欠下来的账。小学一二年级，课本里就教了我们要守时，要诚信，我们做到了吗？中学语文课本里，那些对于"美"的阐述，我们理解了吗？初中数学、高中数学过关了吗？

学来学去，发现要补的，还是一些常识，一些基本功。

27岁的张一鸣说："我快30岁了，这几年又开始重新学习和补习本应在青少年时期学习的东西：如何阅读、如何了解自己、如何与人沟通、如何安排时间、如何正确地看待别人意见、如何激励自己、如何写作、如何坚持锻炼身体、如何变得有耐心。"

我们都是平庸的，张一鸣也一样。平庸就像重力一样，吸附着我们。如果想逃离，需要速度。

当学习的热情和习惯形成之后，学习和进步会成为生活的一大主题，比如张一鸣会因为想学习而睡不着觉。

张一鸣说："今天晚睡纯粹因为好奇心在激发态，想学习，想盘点想法。破例喝了半杯酒，仍旧没浇灭我的好奇心。"

4.
建立书单

很多人说羡慕我日常的工作内容，因为我们的商业行为，就是在构建知识体系和传播知识体系。可见人们对于构建自我的知识体系是有需求的。但并不是每个人都可以做这类工作。怎么办呢？可以先去构建自我的书单，相当于建立一个自我的智囊团，然后萃取，内化为自我的体系，再去实践，验证，迭代。

即便知道怎样做，也很少有人会真的这么去做，因为过程比较苦，平庸是重力嘛。但我还是要继续建议，学习，尤其是看书，这是一项资金成本低、边际成本低的投资，坚持下来，你将受益无穷。

先从建立自我的书单开始吧。

这里推荐一下张一鸣在微博、微信上提到的几本书，希望对你有帮助。

《少有人走的路》

这本书或许是张一鸣多次提起的"延迟满足"的源头。强烈推荐。

《普通生物学》

据说这本书让张一鸣联想到了组织的打造。

《什么是数学》

数学是这个世界的基础之一。

《活法》

稻盛和夫的赤诚之作，常看常新。

《定位》

这本书引导人在商业世界里去认识自我，了解能做什么不能做什么。

《史蒂夫·乔布斯传》

这本书张一鸣至少看了三遍。

《谈判是什么》

张一鸣说："过去三年中这本书我认真看了两遍，很好，但是总是做不到，知识易懂，习惯和意识难养成。"

《格调》

讲述20世纪80年代的美国，启发我们对当下的思考。

3.

决策能力的打造

知易行难中间的差距是什么？

哈耶克的这点启发，是字节跳动走向规模化的基础之一

如何深度思考

知易行难中间的差距是什么?

贯彻执行的关键在于高级管理者要以身作则。高级管理者办到了，团队就容易办到；高级管理者办不到，再好的决策，风一吹，一切照旧。

在辅导管理者确立和推进目标的时候，我经常要帮助管理者梳理的一个问题是：为什么能说到，但是做不到呢？即为什么会知易行难。

这个普遍的难题有破解的办法吗?

张一鸣被认为是个非常以目标为导向的人，他在设定看似不可能达成的目标上，以及目标完成度上，都成绩卓越。他的思维和行动方式，具有一定的学习价值。下面我们继续来拆解他的案例，找一找知易与行难二者之间的差距到底在哪里，以及如何跨越这道鸿沟。

1.
是知道了，还是准确而全面地知道了？

马云、马化腾等一众创业者的成功，让大家看到了创业可以融资，上市，敲钟，可以完成普通人的梦想——过去你对我爱搭不理，明天我让你高攀不起。

普通人以为创业就是这个样子的，说："好的，我知道了，我也要去创业——超过马云，收购苹果。"

可是当他们一旦进入了，就会发现怎么这么难，怎么这么多破事？开始打退堂鼓。

创业的真相是，虽然我们思考得很清晰了，但落地又是另一套逻辑：产品试验100次了，到101次还是失败；好不容易产品走上了正轨，一系列诋毁又来了；好不容易撑过去了，团队问题又来了，组织的问题旷日持久而又琐碎，令人心力交瘁。放松的日子几乎没有。

张一鸣曾在微博上发问："思考：知易（其实往往准确全面地知也不易）行难中间的差距是什么？"

括号里的内容特别好：我们的"知道"，往往是既不全面，也不准确。那么"行难"就是必然的了。

人的大脑很喜欢走捷径——只是知道一点点而已，就告诉我们："我都知道了，我很聪明，你去干吧。"最后害得我们走弯路。

了解"骗人的大脑"这个常识之后，一切都好办了。当大脑开始走捷径的时候，我们不马上接受，去质疑，去做深度思考。

张一鸣说："讨巧地思考解决方案即使算不上是个坏习惯，也起码是一个需要克制的习惯。我觉得是回到基本面，紧贴问题根源和最终目标去思考，才能找到更优的解决方案。"

2.
是有目标而已，还是有强烈的愿望？

目标在你人生中的权重，决定了这件事能被你达成的概率。

稻盛和夫说："愿望强烈的程度，促使你睡也想，醒也想，一天24小时不断地思考，透彻地思考。从头顶到脚底，全身充满了这种愿望，如果从身上某处切开，流出来的不是血，而是这种'愿望'。抱着这样的愿望，聚精会神地、一心一意地、强烈而透彻地进行思考，这就是事业成功的原动力。……事业成功的母体是强烈的愿望。"

如果你没到这个程度，最后结局只能是知易行难——内心不召唤，事业不会来。

我们来看看张一鸣的状态，他对自己说："要相信不可能的事情。"为了这件"不可能的事情"，他激动得夜不能寐。有一次，他在梦中被"认真思考"所唤醒，自己还感慨，这是"第一次陌生的经历"。

经过反复地透彻地思考，一旦意识到事情有很大的改进和挑战空间，他就会兴奋。

一分耕耘一分收获，三分耕耘八分收获，十分耕耘百分收获。

我们常人都知道：一分耕耘一分收获。张一鸣通过他个人的亲身经历，验证了我们常人往往不知道的后两句：三分耕耘八分收获，十分耕耘百分收获。

最后能进入无人之境的，是少数人。只要你在强烈的愿望支撑之下，熬过去了，就将别有洞天。

3.
只要有强烈的愿望，就能把梦想细化为现实？

只要有强烈的愿望，就能成功？这里面还有不可或缺的方法论。如果缺失这个方法论，也会误入歧途。

每天都在思考自己的目标，甚至"切开"自己的身体，流出的不是血，而是"愿望"。那么你究竟在思考什么呢？仅仅是"我要成功"这四个字吗？

"如果仅用号召鼓励能建成长城吗？"

张一鸣的这一句发问，具有很强的普适性。

很多公司做项目，开会只打鸡血，打完鸡血就散会。大家热血高涨地从会议室走出来，坐到工位上就开始迷茫：到底该怎么做呢？三个月过去了，大家一事无成。

最后老大还抱怨大家态度不端正，一定是没有全力以赴。

稻盛和夫说："（你对愿望的思考）开始只是梦想，梦想逐步接近现实，然后梦想和现实之间的界限消失。梦想似乎已经实现，梦想实现时、完成时的那种状态在头脑里，或者在你的眼前鲜明地显现出来。"

只要深入思考每个细节，目标就一定会实现。事先能够清晰看到的事物，最后一定能以"完美无缺"的状态出现。相反，事先形象模糊的事物，即使做出来，也达不到"完美无缺"。

你事先能"看见"的东西就能做成，"看不见"的东西就做不成。

张一鸣发问"知易行难中间的差距是什么"，有一位名叫陈韬的网友给出这样一个答案：细化不够。

这个答案和稻盛和夫的思想如出一辙。

最后给大家讲一个张一鸣"把梦想细化为现实"的故事。这个故事来源于知名媒体人李志刚对字节跳动的投资人，源码资本曹毅的采访。

曹毅说："有次跟一鸣去美国拜访了Facebook、谷歌这些公司。离开前一天去了金门大桥，看到波澜壮阔的场景，有感而发吧，（一鸣）开始讲自己创立今日头条的思考。他说：'我在创立今日头条（最开始的时候），写商业计划书时，我做了一个计算，当时测算是五年时间，有机会做到1亿DAU[①]。'（这让）我很震惊，马上五年了，正好1亿DAU。

"我说：'你怎么做到的呢？'他给我讲了一下他的设想：总共新闻人群是一个多么大的人群，我们这种方式会有怎么样的一个渗透

———————————

① Daily Active User的缩写，意为日活跃用户。

率，然后我在这种方式里面会在什么位置。（他）给我的冲击就是，他想问题确实有十足的把握，才会去做这件事情。他是一个很保守的人，一件事情翻来覆去，想得很清楚，还能算得很清楚。但是他对很稀有的大东西，是充满了一种必须拿下的意志，全力以赴地投入所有的精力、所有的资源，然后去大力出奇迹。"

看到这里，可能有很多朋友会很苦恼，想问：我现在的确有一个很强烈的目标，但我就是无法在脑子里细化出来，怎么办呢？答案是先问问自己，真的够强烈吗？如果是，那么就给自己一定的时间，反复去推演，罗马不是一天建成的。

我们要有信心，正如稻盛和夫所说："产生这种愿望本身其实就是一个证据，证明你具备将这种愿望变为现实的潜在力量。人们不会去做自己力不能及的事情，不会产生超越自身能力的、不切实际的愿望。"

我们再回到高级管理者目标管理能力的问题。

如果公司的核心团队里，大家都去习得全面的认知，拥有强烈的成就愿望，以及细化到现实的能力，不断去解决知易行难的问题，那么公司目标达成的概率就会增大。

公司的命运不在基层身上，只有老大成长了，公司才能够成长。老板们应该带着核心班子一起来学习——聚焦目标，提升认知，统一语言，知行合一。

哈耶克的这点启发，是字节跳动走向规模化的基础之一

投资人李录认为芒格是"商才士魂"的一个典范。芒格和巴菲特在商业上取得的成就可谓前无古人，后无来者，而芒格的灵魂本质是一个道德哲学家、学者。他阅读广泛，知识渊博，完全是一个凭借智慧取得成功的人，他所取得的投资的成功完全是靠自我修养和学习。

字节跳动和张一鸣还远远没到盖棺论定的时候，但我所推荐张一鸣的方法论，跟李录之于芒格的感受很像。张一鸣的管理方法论和字节组织的很多实践，很容易通过经典找到出处。

经济学家哈耶克对于张一鸣的知识体系有着很深的影响，这种影响对管理者们又会有怎样的借鉴呢？

1.
是孤独，是自负

大部分情况下，创业公司要生存，一开始CEO都是多面手。

命运和运气是绝对不可忽视的成功要素，命好运气好，公司有机会走向规模化，这个时候就可能面临一个问题——增人并不增效。

条条业务线都危机重重，CEO不得不各处救火，处理各种协作关系。创新的想法都来自CEO，公司离开他就难以运转下去。

面对发展问题，下属们似乎提不出更好的解决方案，而CEO给出明确而详细的方案之后，下属并不会马上照做执行，他们有各种疑虑和各种形式的反抗——通常下属是不敢硬来的，挑战上级不是一件容易的事。

CEO不得不来硬的：必须听我的，别啰唆了。

最后这个组织就形成了这样的行为习惯——想要高效，就听CEO的。无法适应这个习惯的，就会待不下去。

这个时候的CEO非常孤独，尽管他的目的非常单纯，就是把事业做好，大家共赢。可现实是张力大得有点过头——团队释放出隐隐而强烈的对抗，很多精力都牵制在了内部较劲上，而没有释放在向外寻求发展上，必然导致低效。

出现这种问题，只有两个原因：一是人没找对，二是CEO太自负了。归根结底，都是自己的问题，人不都是你自己找的吗？

公开怪下属就像怪"兔不是狼"，听着挺有道理，但总觉得哪里歪了点。琢磨了一晚，发现这和领导怪群众觉悟差，父母嫌子女没教养是一个性质——自己的责任撇得开开的，或者更差，因为至少员工都是挑选的，是有选择的。怪下属执行力不行，实际上是说自己的领导力不行。

2.
哈耶克的启发

26岁开始做CEO的张一鸣，跟所有CEO一样，一开始也有对团队很不满意的时候。

还好张一鸣喜欢阅读。阅读的本质是寻找答案。

哈耶克的《致命的自负》一书中，对于理性的自负的困境之本质，中文版译者冯克利在其所写的译者序中是这样描述的："个人知识因为用途不明而让人担心，因此总是有人试图对它们做有计划的利用，但是他们却面对着一个无法克服的困难，即哈耶克所言'不知道的也是不能计划的'：这种知识的分散性、多样性和易变性，决定了没有任何一个机构或头脑能够随时全部掌握它们。"

哈耶克的另一本著作《通往奴役之路》中写道："在我们竭尽全力自觉地根据一些崇高的理想缔造我们的未来时，我们却在实际上不知不觉地创造出与我们一直为之奋斗的东西截然相反的结果，人们还想象得出比这更大的悲剧吗？"

以上两段讲得直白一些：**CEO们以自己过去的成功经验为出发点，觉得自己理性正确，英明神武，因此独断专行，不容许被挑战，最后必然是一场闹剧。**

哈耶克启发了张一鸣，2017年他在源码资本的年会上进行分享，主要就讲企业经营中"理性的自负"的危害：

"人类在判断自己的理性控制能力时会有一种幻觉，对于聪明理性的人更是如此，常抱有理性的自负。CEO们往往有过成功的经验，尤其在公司早期成功过，且CEO没有上级，很少被人挑战，容易觉得自己英明神武。但是大家忽视了一点，行业是不断发展的，你所具有的知识虽然丰富，但在行业不断变化中依旧是有限的。"

在公司早期的时候，CEO一般都是业务的专家。公司业务简单，行业情况简单，CEO自己做决策就可以了，这样效率高。但随着公司的成长，CEO的精力被很多事情分散，公关推广、融资、外部活动等等，组织本身也非常消耗管理者精力。

另外，环境变复杂，业务多元化，CEO不再是专家，甚至对业务也不是最灵敏的人了。我们要求CEO快速学习成长，他们需要接触的知识面越来越广，但是人的精力总是有限的，总有很多方面是不如创业阶段的时候。比尔·盖茨二十年前是一个优秀的架构师，二十多年之后，还用他的理念来指导整个大型项目，作用就非常有限了。

无法得到纠正的理性的自负持续下去，必然会导致规模化受阻、人浮于事、低效的问题。

知道问题是什么是第一步，但又如何解决这个问题呢？

3.
张一鸣的应对方案

哈耶克是自由主义学者，他认为如果想让个人知识能够服务于社会，只能依赖市场这一超越个人的信息搜集制度。

只有在个人可以按照自己的决定运用他的知识时，才有可能使任何个人所拥有的具体知识得到全部利用。没有任何人能够把自己的全部知识都传达给别人，因为许多他能够亲自加以利用的知识，是在制订行动计划的过程中才变得明确起来的。

每个人在自己所处环境下做的判断，会大大优于任何政治家和立法者能够为他做出的判断。

经营所需要的有关成百上千个具体事务的琐碎知识，也只有可以从中获利者才会去学习。

哈耶克的答案，张一鸣是如何运用的呢？主要有三条：

第一条，搭班子：找到正确的人。

CEO过于独断专行，有时候不是他真的变态到好这口，就是喜欢搞一言堂，而是确实人没有找对。公司处于高位的人价值观不符合，能力不匹配，而CEO必须对结果负责，他能怎么办？只能抢占方向盘，亲自上。

所以张一鸣很早就了解到，在找到对的人这件事情上，花再多的精力都不为过。因为既然开始了，不是做就可以了，做就要做好，做出彩。

第二条，自我管理：警惕自我理性的自负。

张一鸣说："很早以前我就意识到，CEO角色是一个重要的挑战：很少或者没有人能够给自己提有效的要求和批评时，自己的自知、自制力和反省变得尤为重要，能从轻微的意见和异常中发现自己的问题并修正，是一种慎独。写下以提醒自己。"

对企业经营者而言，情况不好的时候自省容易做到，如果你事事还比较顺利，尤其是舆论利好的时候，想要保持自省就需要定力了。

2018年，腾讯和字节跳动处于对抗状态，一篇《腾讯没有梦想》激起了公众对于腾讯这家公司的某些共鸣，在朋友圈刷屏。

张一鸣在朋友圈也发了一条呼应：

"评《谁说腾讯没有梦想》：腾讯是一家极其优秀的公司，Pony（马化腾）也是我最敬佩的CEO，不仅是业务和实力，公司和管理层的能力和修为也是业界最好的，相信这也是业界共识，大家都心服口服。腾讯不仅强而且还在各个维度不断进化，大家应该多学习，我也希望腾讯能够带动中国互联网整体更多的进步。"

张一鸣自我要求：保持开放的心态，避免变成坏中年。

"不自嗨"是字节跳动隐形的企业文化。

第三条，建组织：企业文化/OKR/信息市场。

樊登说，好书讲的都是同一件事。

的确，德鲁克、哈耶克、韦尔奇、格鲁夫他们对于高效组织的理论都指向同一个答案——规则优于人治、信息透明、集体决策、持续创新、竞争优化。

①企业文化

哈耶克在其作品《通往奴役之路》中写道："如果一个人不需要服从任何人，只服从法律，那么，他就是自由的。"

所以在字节跳动，有明确的、无处不在的字节范（价值观）——**坦诚清晰、追求极致、务实敢为、开放谦逊、始终创业、多元兼容**，来框定数万人的行为边界。

团队内部在不断交往中，将这些行为准则进化为共同遵守的行为模式，使得跨部门、完全不熟的同事为了各自的目标而形成相互合作的关系。

企业的战略总是在不断迭代，在我们无限接近愿景之前，谁也不能预测这个过程会发生什么。而遵循抽象的规则，会让这个组织更有凝聚力和抗风险能力。

②OKR

哈耶克认为：尊重私产是基本的道德。

一个系统里面不应该只有一个目标——比如只有老板的目标，大家都在为老板的目标打工——而应该有多个目标。

最可怕的是员工在组织内部没有拥有感，只为他人——比如老板——的成功而奋斗明显是没有说服力的。当他不知道自己在为什么奋斗，那就只剩下消磨时间了。

所以在字节，**OKR的核心价值是，每个人都知道自己清晰的目标是什么**。为了目标制订的合理性，你可以去看老板、同事的目标，去对标，了解自己的上下游，从而在组织内找到自己的价值。不管怎么样，你制订了属于自己的O（Objectives，即目标），这就是你自己的私产。你完成了你的O，就有相应的回报。

为什么很多公司总是用不好OKR呢？这在于老板有没有意识到，你得让优秀的员工拥有自己的目标，并且这个目标是服务于总目标的。而你的工作就是帮助员工去完成他们的目标，从而你就完成了公司的目标。

在很多公司，老板看不到、意识不到每个人拥有目标后的威力，也看不到、意识不到大家应该有目标。所以即便走了形式，推行了OKR，但那都是假的。

③信息市场

哈耶克还认为：市场秩序，让人在交往中弥补自己的无知，并惠及他人。它能够使广泛散布的信息公之于众并使其得到利用。

在张一鸣打造下的字节跳动，就像是一个信息的市场。既然知识无法被计划被管控，那么，就让它们流向最能创造价值的去处。

作为员工，如果你想完成自己的O，获得收益，你可以在信息的市场里，去获取对你有价值的信息，并进行关联。

在字节跳动，想知道张一鸣在忙什么太容易了：任何员工都可以在飞书上直接看到他的OKR是什么；更准确点说，在飞书上，任何员工可以看到任何同事的OKR，以及基本信息、汇报关系。"能看到一个人的OKR，意味着你知道他这两个月的主要精力会放在哪些事情上，一目了然。"

4.
最后

　　首席组织官的房晟陶老师说过这样一句话：新一代的企业家对于建组织的醒悟比上一代要早，为什么呢？因为上一代企业家创业创到最后，还能剩点房子、车子。这一代企业家和创业者，如果不能意识到组织的重要性，可能最后什么也没剩下。

　　组织是新一代创业者非常重要的东西，不然可能什么也剩不下，这和舵舟服务创业公司的感受，是有吻合之处的。警惕理性的自负，打造一支目标导向的高绩效团队，不仅是为了他人的生存，更是为了自我的生存。

如何深度思考

据说，张一鸣已经有段时间没写OKR了，他用自己的行动传达了一个信息，那就是不要过度迷信工具，工具并不能解决所有问题。OKR不能成为成功学。

致力于服务创业者目标管理思维的我，对工具能起到的作用深信不疑。但如张一鸣所传达的信息一样，我也认为光有工具是不够的，这就是很多公司引入了各式各样的来自大企业的工具，比如流程化管理、"三板斧"、OKR等等，最后还是失败的原因。

工具无罪，它并不会导致你的失败，成功的关键在于使用工具的人。那么让工具在我们手中发挥作用的关键要素是什么呢？是深度思考的能力。

我跟团队在给创业者做目标管理辅导时深有体会：目标的实现过

程一定是充满挑战的。比如创业者已经达成了自己的短期目标，打了一场看上去激动人心的"胜仗"，而在达成短期目标的过程中，制约业务发展的瓶颈已经逐渐暴露出来。为了更好地发展，我们会花很长时间来和客户推演这瓶颈从何而来，换框去思考如何破除瓶颈，制订相应的行动计划，从目标到关键结果，再到策略、闭环和指标。

目标管理方法

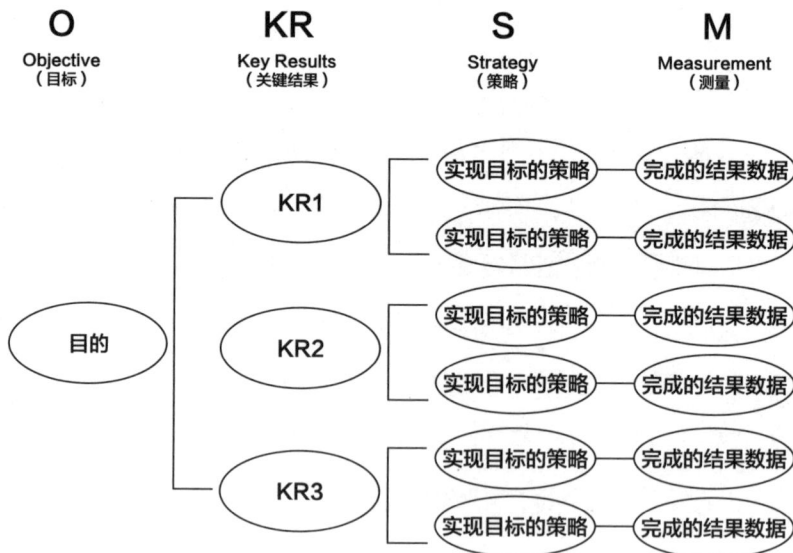

这一思考过程极其烧脑，甚至会让人感到肠胃不适，以至于在思考这个过程中你要花很长时间来做深呼吸调整。但这样的思考投入是

值得的。选择合适的工具，再加上深度思考，助力目标达成和个人成长的能量将会几何倍数式地增长——这一过程让人有成就感，所产生的结果也是惊人的。

了解深度思考的重要性之后，我们再看字节的成功，就会注意到一个关键信息：张一鸣是个喜欢深度思考的人，他在做重大决策之前，会不断推演各种可能性，直至他真的"看见"这个结果。因为这个思考过程会较为漫长，以至于他有了一个"犹豫"的标签。可一旦他做了决定，就会非常坚决。

人往往是不愿意去深度思考的，因为深度思考意味着：

（1）要脱离惯性思维，要跳出自己看自己，这非常伤脑细胞；

（2）要否定自己，接受一个不完美的自我；

（3）要不断进入细节推演，不断在细微处纵深推进，像侦探一样寻找真相，像先知一样提前把未来描述出来，这也非常烧脑。

脑力运动和体力运动一样，都让人有生理性的排斥。

既然深度思考这么累，为什么还是要做深度思考呢？因为：

第一，经过深度思考，你"作战"时就有了地图，目标明确，路线清晰，不再是东一榔头西一棒子；

第二，经过深度思考做出决定之后，你会非常坚决，不容易被外界的质疑和声音所影响；

第三，深度思考会减少随波逐流带来的伤害（比如失眠和懊恼）。

　　就像坚持运动健身后，人会因感受到自己身体状态明显的变化而快乐，一旦尝到深度思考后的甜点，人也会感受很好。人想要成长，总归是很累的，你是选择先难后易，还是先易后难？

　　创业，就是一个不断解决问题的过程，从小的问题着手提升解决问题的能力，才有资格挑战更大的问题。

　　张一鸣在字节跳动九周年时的演讲，透漏出当前的字节可能面对以下挑战：

　　（1）取得了一些成就，但团队可能因过往的成功而害怕犯错；

　　（2）获得了一些标签，但可能被标签、被预期束缚；

　　（3）没完没了的竞争，可能让团队疲于奔命或者为了竞争而竞争；

　　（4）过度追求方法论，可能导致意识上过度抽象化，而远离事实。

　　如果这些问题牵引着这个年轻团队的走向，那么这个10万人的团队就像一壶滚烫的开水，如果不加以引导，最终可能会烫伤自己，进而造成更加严重的问题。

　　张一鸣作为字节大后方的强有力的领导者，必须正视这些最核心的矛盾，并给予优化方向，让团队更好地达成目标。经过拆解，我们发现基于这个任务，张一鸣在深度思考之后，给予团队五个步骤来应对。这五个步骤非常符合 NLP（神经语言程序学）思维逻辑的框架，可见优秀的领袖，都是人性的大师。

NLP 六层理解逻辑

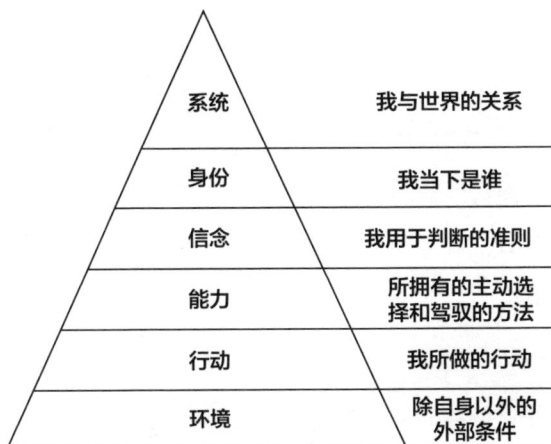

系统	我与世界的关系
身份	我当下是谁
信念	我用于判断的准则
能力	所拥有的主动选择和驾驭的方法
行动	我所做的行动
环境	除自身以外的外部条件

1. 分析环境

张一鸣在九周年的演讲里，首先讲了公司在过去一年所取得的非凡成就：增速很快，新方向有突破，承担了全球的社会责任。他进而讲了字节跳动面临的外部挑战：突发状况很多，外部非常喧哗。那么这就可能导致一个问题：**面对动荡不安的外部环境，我们经常会惴惴不安地担忧未来或懊恼过去，精力都浪费在面对波动上。**

张一鸣没有把组织发展的矛盾，简单归咎到某些人身上，或者是

某些事情上，而是把原因归结到了我们共通的人性——我们总容易被
外界影响。归因到外部环境的时候，人就会有所释然，不是我们某
个人的问题，是人性的问题，那么就会有极大的安全感去面对这个
问题。

2. 明确行为

分析完现状之后，张一鸣强调身处嘈杂外部环境的字节团队的使
命：能在业务上继续精进，也继续把社会责任的目标当作业务目标之
一，服务好社会。意思是无论外界如何波谲云诡，我们自己的目标和
行为要十分坚定。

强调目标和行为这一点非常重要，行为要坚定地为目标服务。如
果为了应对外部环境而应对外部环境，就问题去解决问题，就容易被
外界牵着鼻子走。只有当我们回归目标，回归本我，我们的行为才会
有强大的、源源不断的力量。我们的"战斗"才有了意义。

3. 提供方案

为了达到我们的目标，面对波谲云诡的外部环境，张一鸣开出的
药方是：保持平常心。为了让大家接受这个药方，他给出了该药方的
好处：保持平常心的人比较放松，内心没有扭曲，观察事物细腻，实
事求是，比较有耐心，他们往往更能把事情做好。

他还将这个药方的好处进行了升华的阐释：**只有心态越平稳，才能扎根越牢，才能够有魄力有想象力去做更难企及的事情。**

在前面我们就提到过，人们有过度追求方法论，从而导致意识过度抽象化、远离事实的问题。"平常心"是张一鸣给予团队的一个方法论，那么如何避免团队对于这个方法论的错误理解呢？

首先，他从源头对这个词进行阐明："平常心"是一个佛源词。

其次，他对这个词的含义进行了充分的阐释。

百科定义：在一切环境和一切行为中，保持无差别不偏执。

现代学心理学解释：尽力而为，顺其自然，从容淡定。

头条上一些文章的解释：顺其自然，常识，直觉良知，正心诚意，回归本质，实事求是，接受不确定性。

最直白的话说：吃饭的时候好好吃饭，睡觉的时候好好睡觉。

最后，他结合自身的感受进行强调，大意如下：

人和人的差距其实不大，没有那么多的传奇和戏剧性，大部分事情都是有原因和有道理的。**能取得很好成就的人，他们往往保持很平常的心态。保持平常心，接受当下的自己，把自己做好，往往就能把事情做好。平常人也可以做非常事。**

通过这一通充分的分析，他想告诉大家："保持平常心"的能力真的有助于帮助大家成功，我作为字节的创始人，其实就是个平常人，平常人也可以做非常事。大家的心态不要失衡。

4. 指引做法

早期张一鸣在微博上，跟网友有一个经典的互动。

张一鸣发问：知易（其实往往准确全面地知也不易）行难中间的差距是什么？

网友陈韬回复：细化不够。

这是一个很好的启示。对于如何应用好"平常心"这个能力，张一鸣首先尽可能做了充分和准确的"知"，接下来他所做的就是传达给团队，如何更有效地掌握这个能力。针对当前团队遇到的问题，他细化了五个落地场景。

（1）**第一个场景：请丢掉预期和标签，保持平常心**

他认为在工作和生活中，带着预期，就会动作扭曲，容易搞复杂。当你在乎自己和他人的预期，思考和决策就会受到束缚，带来心理负担。

他进一步举例说明：**高管的标签可能让人不好意思提出一个看似很简单的问题，也可能没办法像用户一样去深入体验产品场景；大公司的标签，会让团队希望有大公司的战略和年会；年轻人的标签会让你不敢提出想法、建议或者批评。这些都是与平常心相违背的思考方式。**

（2）**第二个场景：关注当下，平常心对待过去和未来**

张一鸣吸收了心理学的知识，强调为什么要关注当下：因为一切

的恐惧都因过于关注未来而引起，一切的不宽恕都因过分关注过去而出现。 那么应该抱着什么样的信念来做呢？关注当下最应该做的事、当下的感受和判断。

为了让大家更加接受这个建议，他举了去年的例子，2020年公司在面对危机挑战的时候，他的引导方向是：stay calm，be patient[①]。最后的结果还可以，他的收获是：你不能百分百控制结果，尽可能保持平静，做正确的决策，**不要急于做决定，不要惊慌失措，往往就已经能取得最好的结果了。**

这个信念的确认，对于当下的字节团队很重要，因为长期高速增长的字节，一直在被外界拷问：你还能增长多久？

张一鸣很释然地给予了信念的确认：增长很好，但不要让增长焦虑影响到你。应该睁大眼睛看清楚环境，了解用户，**没有杂念地做好决策，结果是多少就是多少。** 他自己会带头如此行动，2021年他将会把核心精力放在公司文化、社会责任和新方向上，并完成自己去年未完成的OKR，保持一颗平常心。

（3）第三个场景：用平常心面对竞争

字节当前的很多赛道，都在跟中国最顶尖的高手对决，比如说抖音，一直在跟快手鏖战，随之又迎来了腾讯在短视频领域的觉醒。那

---

① 意为保持冷静，耐心点。

些抱着快速结束战斗预期的成员，面对越来越复杂的竞争局面，就会发出心态失衡的声音：怎么竞争没完没了？

如果团队在这种声音主导下，士气就会受打击——这是一场看不到头的战斗。张一鸣是如何应对的呢？首先，他认为竞争是好事，并**举例历史上用并购来快速消灭对手的公司，往往容易自我感觉良好，最后都懈怠了。**

那么字节团队应该如何做呢？保持平常心的信念，行为上向竞争对手学习，不要为了竞争而竞争。他举了微软之前被竞争对手谷歌牵着走的案例，由于过分关注竞争，导致心态失衡，眼睛失明，产生偏执和差别心，最终落后。

（4）第四个场景：不要过度追求方法论，保持平常心

"all-in"是没有任何褒贬的中性词，但张一鸣认为很多人把all-in当成了偷懒的捷径：本质是"我不想再想了，就这样吧，行就行，赌一把吧"的all-in。这种浮于表面的判断方式，一旦方向错了，往往让人谬以千里。

张一鸣对此有一个判断，人的知识有限性是非常明显的，很多是非结构化的知识，过度使用概念其实是无助于理解的。那么不如保持平常心，回归事实层面，不要匆忙下结论，**不要太容易说"说白了就这样"，要猜想其他可能，**保持一个开放心态，保持想象力，保持耐心，不要被外界的强烈预期影响投入。

（5）第五个场景：在失败面前保持平常心

字节教育还没有特别亮眼的成绩，飞书有极高的口碑，但市场占有率还没有明显的提升，这些属于失败吗？

其实不是，这些都是很正常的过程。但在奔着"字节就是能成功"的预期之下，这样正常的过程，就会被当作不正常的结果来对待，因此团队互相影响，太害怕失败，导致动作变形。

张一鸣建议的应对方法很有意思，如何面对"曲折的过程"，他给了四个步骤：

第一步：真实认识到错误，懊恼少一点；

第二步：改正、修正错误；

第三步：从错误中学习到其背后的原因；

第四步：放下错误，不要过长时间沉浸在自我指责的状态中。

5. 给予确认

在演讲的最后，张一鸣讲了一个世界级网红——纪录片《徒手攀岩》的主人翁Alex Honnold（亚历克斯·杭诺尔德）的故事。Alex Honnold徒手攀岩的过程中所遇到的挑战，会让字节团队有所共鸣——**往前往后都很危险，但腿软心乱最危险，关注当下才有出路。**

这让大家对于自己身份的理解有了升华——我们都是背负神圣使命的挑战者。

作为挑战者的我们，如何处理好我和世界的关系呢？张一鸣的总结是：困难都是外部的，是自己不能左右的，自己能做到的是**外部波澜起伏，内心平静如常。**

与过去被追捧的孤胆英雄式的创业者形象不同，当前时代任正非、张一鸣、王兴、黄铮、张邦鑫等这一类创业者形象越来越受到追捧，他们给人的印象是"二深"：**深居简出、深度思考。**

深度思考的过程，就是自我确定的过程。当外部环境越来越不确定的时候，我们需要有强大而稳固的深度思考框架与习惯，从而通过增强自我来提升目标实现的确定性，而非随波逐流。

4.

领导力的构建

优秀的管理者，都有一种本质的素质

凭什么是张一鸣

字节跳动的老板文化：坦诚

优秀的管理者，都有一种本质的素质

作为企业教练，我经常要跟管理者们深入交流，我发现发展得好的管理者，不一定情商高、绝顶聪明或者背景好，但是他们都有一个共同的特质。这个发现，和张一鸣在2011年和2012年的两条微博中关于管理者的思考非常吻合。

这个特质是什么呢？拿我最近接触的两位管理者来描述一下：

第一位是一家上市公司的BU①负责人，他正在为一个内部创新业务头疼，因为团队觉得今年干到6000万已经到顶了。

而他知道，如果今年不上规模，未来连生存的机会都没有。他对于项目的要求是必须要往更高的数字走，同时他也能消化团队的对抗性。

解决方案是："现有团队做不到的部分，我来打样，我来扛！"

————————————

① Business Unit的缩写，即业务单元。

第二位管理者刚刚从"服役"了十年的大厂[①]高管位置上下来，到了一家乱糟糟但发展很快速的企业担任重要的岗位，将和新公司完成新的一跃。

我问他："这一跳不害怕吗？"

他说："有什么害怕的，不就是解决问题嘛！我之前在大厂也是每天解决问题，现在只是换了一个地方，处于不同阶段而已。"

1.
想都是问题，干才有机会

在揭晓答案之前，再给大家深度剖析一个最近我们服务的案例，看看这种特质是如何在一个人的职业生涯里发挥作用的。

某公司的管理者非常不相信他的团队。他说："我自己跑得很累，今年的任务很重，可我的团队不喜欢思考，行动力很差，这是我当前最大的问题。"

---

① "大厂"特指大型互联网公司。

听上去好像团队水平很差，但其实他的团队成员学历很高，普遍研究生学历以上，很多人履历光鲜。

后来我们通过一场共创会去激发他的团队，发现团队非常关注公司的业务，在被激发的情况下，也能思考很深，给出超出管理者预期的方案。

这既让管理者惊喜，也让他惊讶。我们能发现，大家其实并不比他差，术业有专攻，在团队擅长的领域，这个管理者实际上比所有人都弱。

暂不说他需要加强管理能力——这个是很好补的。为什么是他当管理者呢？

很多人会说：这个人运气好呗！他来得早，占住了机会。

这么说也成立，一个人能成功，运气是无法忽视的关键。但我们往深里扒一扒，他当年来的时候，这个项目一穷二白，什么都没有，在其他人都不看好、老板找了各种人才都被拒绝的时候，他义无反顾加入了这个项目，扛起了大旗。

后来项目出现问题，所有人都说没戏了，估计到年底就要关了。有的人在偷偷找工作，有的人在怨天尤人。他说："想都是问题，干才有机会。"说完就背着包到全国各地跑业务去了。也正因为他的勇敢，才有了这个项目的今天。

如今项目走到深水区，在各种限制因素之下，在各成员心慌意乱时，他继续勇敢地定出高目标，用他的话说，"先把框架想清楚，再

勇敢地迈出去，其他自己不擅长的，慢慢补嘛，总比在那里等、埋怨
要强"。

这个仅入职两年的年轻管理者，如今已经跻身公司的核心层，拿
到了公司的股票。他所操盘的项目，虽然困难重重，但越做越大。

我们似乎看到了"为什么是他"的核心发动机——勇气。

勇气这个词很常见，却很少被大家调用起来。很多人在一生中，
无论学业、爱情，还是事业，都因为缺少"勇气"，而平平淡淡，无
所作为。

这个道理，十年前的张一鸣就已经在深度思考了。2011年和2012
年，刚刚创立字节跳动的张一鸣，发了两条关于"勇气"的微博：

第一条：《卓有成效的管理者》中经常强调勇气，就像《赢》中
强调坦诚一样，让人知道，很多时候不是需要更精巧的技巧，而是需
要更本质的素质。

第二条：勇气、仔细、耐心等通常都被认为是人的好品质，但勇
气在工作中被提及的频次远小于其他。

我辅导了100多家公司的目标管理，辅导的管理者累计也有数千位
了，结合十年前张一鸣的总结，发现的确如此：勇气是一种本质的素
质，它让人脱颖而出，实现从无到有。

有了这个火苗，才会有后面的事情。

2.
充满勇气的张一鸣

我研究字节跳动和张一鸣这么久，很多人一见我，就会问一个问题：你说说，张一鸣到底成功在哪里？

一个人成功是各种因素综合作用的成果，芒格、任正非、张一鸣都是概率下的产物。

抛开不可控的因素，我们唯一可控的，就是我们自己。

张一鸣在调动"勇气"这件事上，是绝对的榜样。

1. 勇于从九九房一跃，出来独立创业

九九房有团队的信任，有投资人的托付，有自己两年时间的投入，而创立字节跳动想必是很艰难的，出来做就一定能成？"信息效率"这件事是巨头的菜，2011年的张一鸣，你算老几？但他说干就干。

2. 勇于不站队

2015年左右，市场盛行一种说法：创业公司最好的结局之一，就是卖给BAT[①]，这样创始团队可以收割大量现金，实现财富自由。还有人认为没有BAT的扶持，创业举步维艰，仗不好打。

当时张一鸣旗帜鲜明地讲："我们出来创业，不是想成为腾讯员工的。"傲气和勇气兼具，直到现在，大家依然为字节跳动捏一把汗，对手腾讯身经百战，不好对付。

3. 勇于花钱

一个被潘乱[②]经常提起的故事：竞购musical.ly[③]时，面对卖方的坐地起价，其他买家都退缩了，只有张一鸣敢于花大钱。

正是这个关键决策，加速了字节跳动的海外扩张。

关于张一鸣敢于花钱的故事还有许多，此处不赘。

4. 勇于定高目标

很多人得知字节跳动2020年定了2200亿营收目标并且完成的时候，倒吸一口凉气：发展真是太快了！字节擅长于互联网行业，但他们也敢于在自己陌生的领域亮剑：教育、企业服务、电商等。他们以

[①]　中国互联网公司三巨头，B指百度（Baidu），A指阿里巴巴（Alibaba），T指腾讯（Tencent）。

[②]　自媒体人，代表作品《腾讯没有梦想》。

[③]　北美音乐短视频社交平台。

擅长的更好的产品、更好的算法支持，不断开疆拓土。

"油腻"的众多反义词中，一定有个词，叫作勇气。

当一个人对外界丧失了好奇心，即便他有再高的学历、再好的背景，当一家公司不再有探索创新的勇气，即便它有再多的资金、再大的办公室，也依然意味着离掉队不远了。

3.
如何成为一个有勇气的人？

如何成为一个有勇气的人？是变成张飞，还是变成李逵？

注意，勇气不等于鲁莽。

张一鸣说："勇气不是大胆无知，而是坚定地去做你真的认为对的东西。"

这句话好像已经解锁了如何启动勇气的办法：

1. 找到你真的认为对的事情

这一步就很难，我们在辅导企业管理者OKR的时候，发现最核心的一步，就是在公司的使命愿景的框架之下，找到一个他真的认为对的事情，找到了这件事，这个管理者就算打通任督二脉了。

在没有找到这件事之前，大家普遍的情况是什么样子呢？

老板让我干啥我干啥，最后干不成都是老板的问题；干成了，好像觉得自己也没啥成就感，都是老板的成绩。

故而员工在执行的过程中，缺乏勇气去做决策，去探索，最后被老板盖上一个"不思考、死气沉沉"的帽子。其实远远到不了上纲上线的地步，就是没有确认他所认为对的事情。

张一鸣强调"勇气"是在2011年、2012年、2013年，他在公司引入了OKR的治理制度，这项制度首先要完成一个使命——每个人都要定出属于自己的O（目标），这个O既要承接公司的战略，又要有自己的思考；既是公司想要的，也得是自己想要的。

有了OKR制度，张一鸣的想法就落地到了实践。人人都有了自己想达成的目标，就有了勇气生根发芽的土壤。

2. 坚定地去做

有目标不容易，执行目标更不容易。建立目标需要勇气，执行目标需要更长久的勇气。好在当一个人拥有目标之后，是不忍心看到这个目标落空的。

OKR有一套让目标落地的跟踪办法，系统性、框架性地帮大家建立调动勇气的场景——OKR的周会和周报制度，帮助大家展示进度和成果，以及提出执行中的问题，勇敢地争取帮助。

OKR复盘机制，帮助大家从更深层次看到自己的价值点和成长点，从而更加自信，更加有勇气去追求更高的目标。

所以，很多人会说，字节跳动那帮人不能用执行力很强来形容，应该用战斗力很强来形容。

执行力是傻傻地、笨笨地去做；战斗力是指这帮人能思考，逢山开路遇水搭桥。

为什么会有这种效果呢？创造的勇气被激发出来了。

不得不惊叹张一鸣的建构能力，从2011年思考"勇气"这个素质的重要性，到2013年建立制度，充分激发团队的"勇气"，再到用了七八年时间，孕育和迭代出了属于字节跳动的工作方法，这个过程艰难重重，"勇气"应该也是其中的成功因子。

所幸的是，这并不是一项不可复制的能力，只要你意识到了，你就可以调动你的"勇气"，成为一个不一样的人。

如果你做不到，那么你必须心悦诚服。

这个世界，永远是由那些有勇气的人，来领导没勇气的人。

凭什么是张一鸣

1.

凭什么是张一鸣？

2020年，在遭遇疫情全球蔓延，经济全球化进程受阻的黑天鹅事件的情况下，字节跳动依然完成了年初定下的发展任务：2200亿人民币的业绩，从6万到10万人团队的扩建。

据晚点财经给出的数据，在过去的一年，字节跳动每天入职150人，全球共240个办公地点，仅北京的员工每天就要吃掉1万个鸡蛋、10吨以上的蔬菜。这是令人咋舌的数据。

在外界的眼里，张一鸣是风头十足的创业新贵：

某腾讯负责广告业务的人说，2020年，腾讯是在字节的压力下，完成了任务的；

快手的一些员工羡慕字节的速度和激情，以此来释放对于自己公司效率的抱怨；

曾经的对手佩服当年张一鸣的布局能力和作战能力，对于战败心服口服；

雷军为张一鸣的新业务飞书站台，这也是在表达对这家公司的欣赏。

但以上都是结果，既不是原因，也不是过程。

如果我们想一探究竟，了解这些结果究竟是如何达成的，就会打开一个"价值连城"的世界。

某创业者说："字节10万人里，得有6万名知识工作者吧，要把这6万人都管理好，并激发其能量，挺牛的，我们管理300名知识工作者，都觉得头大。"

字节跳动，从0到10万人，这10万人，以高级知识分子为主体，每个人都有不同的个性、不同的梦想和不同的个人主张。

他们的个人意志是如何被凝聚到一起的，其能力和潜力是如何被激发出来的？

张一鸣的个人权威又是如何树立起来的？

字节跳动时至今日都没有大的团队问题，这是为什么呢？

梦想的构建，团队的驱使，这些发生在内部的，才是原因和过程。过程往往无比艰辛和琐碎。就连任正非都曾说："我当年精神抑郁……我并不怕来自外部的压力，而是怕来自内部的压力。我不让做，会不会使公司走向错误，崩溃了？做了，是否会损失我们争夺战略高地的资源？我的内心是恐惧的。"

但这是想做成一件事的英雄们的必经之路。人类历史上的任何群体的成功，都是靠着群体对于创造、对于未来的美好憧憬，以血肉之躯去奋斗，才能造就卓越，字节也没有另辟蹊径。

2.
卓越的战略规划

为理想而痛苦并不可怕，可怕的是理想终成笑话。

早年在酷讯的职业经历，让张一鸣切身体会到一个事情：选择一个好的战略固然重要，但更为重要的是战略的执行。这也就是很多公司在同一赛道之下，却不断拉开距离的原因。

2011年，张一鸣选择"提升信息效率"这个拥挤的赛道。当时的张一鸣既不是一个明星创业者，也不是富二代，更谈不上有资源、背景。这是个很烧钱的赛道，对当时的他来讲，融资非常难。沈南鹏在早期拒绝了他，朱啸虎也没看上这个文文弱弱的创业者，周鸿祎甚至在投了之后，中途选择退出。

外界他无法掌握，他能掌握的就是他自己。他首先做的，就是战略规划。张一鸣做战略规划的能力，达到了稻盛和夫所说的"看见未来"的地步。稻盛和夫说，你能看到多少，你才能做到多少，如果你看不到，说明你也做不到。

2014年9月，张一鸣跟随极客公园的一个活动来到美国参访学习，离开美国前一天，他们来到金门大桥。眼前波澜壮阔的景致触动了张一鸣，他跟源码资本的曹毅讲起自己创立今日头条的事情。

写商业计划书时，他做过一个模型，预测头条有机会在五年时间内把日活用户做到1亿。曹毅问，你怎么做到呢。他把新闻人群的市场规模、渗透率、自己在里面会是什么位置，清楚地讲了一遍。2016年10月，头条DAU破亿，这比张一鸣预测的时间，提前了几个月。

如此精准的战略规划能力，令人震撼。曹毅这样描述张一鸣："他对很稀有的大东西，是充满了一种必须拿下的意志，全力以赴地投入所有的精力、所有的资源，然后去大力出奇迹。"

战略规划能力除了能对事情有自己的清晰判断，还要能够建立与战略配套的组织和文化。团队很重要——这一点体会也跟张一鸣早年的职业经历有关，他眼睁睁地看着酷讯和去哪儿拉开了差距，而且差距越来越大。

张一鸣曾说："战略很重要，但是团队也相当重要，我自己是有切身体会的。酷讯和去哪儿竞争，方向很清楚，但是差距越来越大。

"当年海内和开心竞争，海内对开心的数据产品也很了解，可惜就是眼睁睁地看着对手从产品到推广上节节胜利。回到现在的团购网站，模式非常简单，也没有什么门槛，但是也能拉开这么大的差距。"

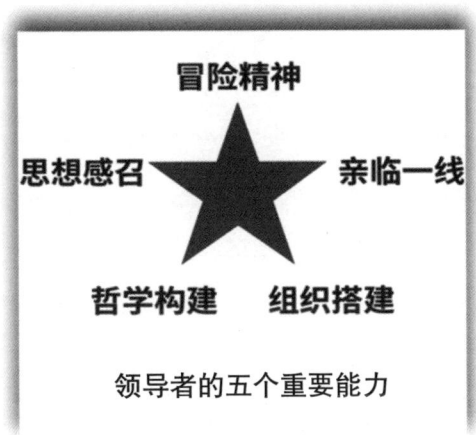

领导者的五个重要能力

如果说在我与团队所列的领导者必须具备的五个重要能力中，任正非特别突出的是思想感召，他的"以客户为中心，以奋斗者为本，长期坚持艰苦奋斗"成了贯穿华为发展三十多年的历史长歌，那么张一鸣特别突出的就是组织搭建。张一鸣被称作HR型老板，他的行为方式，某种程度上也在唤醒广大创业者，让他们去审视自己在人才队伍建设上投入不足的问题。

在所有的人力工作中，张一鸣尤为看重"招聘"这一环节。他甚至认为招聘是字节跳动最重要的管理工作，决定了战略能否成功。因为对招聘工作的重视和亲力亲为，所以在公司500人的时候，他可以自信地说，他可以喊出每个人的名字；在公司1300人的时候，他可以自信地说，不敢说每个人都是他招进来的，但大部分人都是他招进来的。**战略由他构建，没有人比他更知道，谁才是最合适执行这个战略的人。**正是因为招聘不偷懒，并在打磨过程中形成了方法论，张一鸣才得以建立起来让"五年时间，一亿日活"成为现实的队伍。

如今这支精挑细选、百炼成钢的队伍包括陈林、张楠、谢欣、华巍、梁汝波、杨震原、张利东等大将，超越了10万人规模，足见这支队伍的"带宽"之足。

而这支队伍能够成形，源自张一鸣卓越的战略规划能力。

3.
坚决的战略定力

创业公司出现的任何乱子，一定都有这样一个原因——创始人不坚决。

创始人对于方向的不坚决，创始人出于恐惧对于去除破坏因子的不坚决，创始人因为懒惰对于去纵深解决问题不坚决，创始人对于正确的信念不坚决。

这些不坚决催生了合伙人乱象，产品乱象，企业文化乱象。

一旦领头人出现不坚决的情况，而且这个问题得不到解决的话，可以推断这家公司、这个业务一定走不长。

创业者的圈子里讨论字节跳动的成功，已经是惯例了。有一次一群创业者讨论：字节的成功，最后的落脚点是什么？

大家不得不服，很多同行搞不定的事情，张一鸣能搞定，也能坚定地推进下去，这也是牛人愿意跟着他的原因——能成事。

这里讲一个左林右狸记载的字节跳动早期的故事。

2012年，今日头条作为一个信息平台已经上线了。张一鸣召集内部十多个人的团队开了一个会，议题是要不要做个性化推荐引擎。这件事是张一鸣在创业前就已经想好的事情，时至今日拿出来大家一起讨论。讨论的结果是什么呢？

大家纷纷打退堂鼓，说团队没有这个基因和能力，做不了。

个性化推荐引擎是字节跳动存在的意义，但当这件事还没有从构思变为现实的时候，团队里的人即便听了一百遍，也很难有画面感，在无法想象到的情况下，更何谈相信？

这个场景在很多公司都会发生。创始人想做一件事，跟大家商量，而这件事发轫于创始人，其他人所能获得的信息和基于这件事上的思考都是有限的，这就很难达成一致。于是这件事就会卡住：创始人埋怨团队不成长、不同频，团队埋怨创始人想一出是一出。如果谁都不落到行动上，公司的发展就会存在问题。

张一鸣是怎么办的？既然大家觉得基因没有，能力不行，而这又是公司的战略，那么他就亲自上。在左林右狸的报道中，张一鸣这样坚定地回复团队：

"如果不解决个性化、智能化推荐的问题，我们的产品只是做些微创新，也许能拿到一些移动互联网的红利，但不可能取得根本性的突破，不能真正地创造价值。"

张一鸣也给出了解决办法："推荐我们不会，但可以学啊。"说完之后，他自己先动手了。

他靠自己的想象和网上查资料，写出了字节跳动的第一版推荐引擎。

但如果只有张一鸣一个人做，肯定也不会有字节的今天。随后他开始建立推荐引擎的团队，托自己的天使投资人刘峻，找到了原360的创始员工曾强。

为了说服曾强加入，他三顾茅庐，有两次是坐地铁去的，另一次是太晚了，地铁没了，他自己开车去的。第三次见面，曾强同意加入。

曾强入职后的第一年，主要就做了招人这件事，迅速地帮助字节跳动建起了一支20人的推荐引擎团队。这才有了后来的故事。

再讲一个字节推行OKR的故事。

OKR是激活知识工作者的能力与潜能，将知识工作者的个人意志凝聚于一个共同的大目标的非常有效率的工具。要用好这款工具既需要有"道"的认知，也需要有"术"的勤勉。

在过去的两年中，我带领自己的团队给数家企业做OKR诊断和落地指导，发现很多企业的OKR的最终归宿，要么沦为人力部门的KPI工具，要么变成脱离业务的"保健品"，要么过一段时间就荒废了。很多创业者表示抓不到OKR的价值要领。

但为什么OKR会成为字节跳动团队治理的旗帜呢？

这也源自张一鸣的战略定力。当认知到这个工具确实有助于业务，尤其是当团队规模越来越大以后，创造和思考需要被数字化管理，以统一在公司的大目标之下，那么用好OKR是张一鸣必须要做的，这是战略选择。那么，怎么做呢？

张一鸣首先从自己开始，定好自己的OKR，然后亲自带领管理层团队用起来，亲自抓。每周过进度，按照周期做目标共识、目标的过程管理、目标的复盘。

然后，通过组织和管理层，OKR被落实到整个团队，并从2013年开始被推行至今。随着大家对于OKR的理解加深，执行上的复利累计，这才有了现在的效果。

这件事说起来简单，无非就是执行，但这却是很多公司发展的拦路虎。魔鬼在细节，失败也是在无法坚持琐碎中累积的结果。

无人监督的创业者，往往无法管理好自己，任由自己的懒惰、情绪化和恐惧、畏缩去侵蚀公司的战略。

在战略定力这件事上，张一鸣真的堪称具备机器人式的执行力。

4.
结语

"凭什么是张一鸣"这个问题的答案是系统的，正如查理·芒格所说，他和巴菲特的成功，是一个概率极小的事件，是不可复制的，各种偶然和必然的因素凑在了一起，所以有了股神的传奇。那么张一鸣的成功必然也是一个概率极小的事件，且不可复制。

外部世界和运气是我们无法掌控的，我们唯一能掌控的就是我们自己。当一群人用脚投票，选择你作为一群人的老大，就是默认你可以胜任"导游"身份，带领大家去看一个人看不到的风景。那么你就需要对这个目的地进行审慎的价值思考，对过程中将会遇到的机遇与挑战有前瞻性的认知。

心中有图谱，路上遇事才不慌。

牛人都是聪明人，他们知道谁才能把他们的价值发挥出来，谁才是好"导游"、好"舵手"。

字节跳动的老板文化：坦诚

创业公司，都难以逃出"老板文化"这个词。企业的文化一定程度上折射出老板的风格。

在着手研究张一鸣和字节跳动之前，我试图跟字节跳动的员工了解这家公司。很多人说，公司有很重的张一鸣的烙印，从制度到流程，都把张一鸣的思想贯彻得很好。

那么，这家公司贯彻的，究竟是张一鸣的什么风格呢？

其中这两个字很明显：坦诚。

1.
张一鸣对于坦诚的追求

很多中国企业家都是通用电气集团前CEO杰克·韦尔奇的拥趸，张一鸣也是。如果说德鲁克让张一鸣加深了对于"勇气"的理解，那么杰克·韦尔奇让张一鸣更加深刻地认识了"坦诚"。

这里所说的坦诚，不是指你可以毫无顾忌地进行情绪宣泄，或者进行主观的恶意人身攻击。情绪和事实是两码事。"情绪"伤害自我和他人，"事实"可以帮助自我和他人成长。

这里所说的坦诚，是指在为了目标达成、解决问题的前提下，大家可以放下防备，毫无顾忌地交流，表达看法，提出建设性意见。韦尔奇说："缺乏坦诚精神会从根本上扼杀敏锐创意，阻挠快速行动，妨碍优秀的人们贡献出自己的所有才华。"

可惜的是，照顾好场面，不要过于坦诚，是人类共同的认知。因为这样做可以很好地保护自己。过于坦诚，反而招致麻烦。我们从儿童时代就开始学习如何掩盖坏消息，让一切看上去还不错。这种"你好，我好，大家好"的社会文化，也被带入了商业公司里。

比如我们在公司里推进一个项目，效果还行，但还有很多很多空间可以去迭代。如果不去迭代，项目将没有什么前途可言。可我们在开

项目会的时候，常常在说什么呢？会说"真的还不错""我们尽全力去
做了""真的很优秀""给你点赞"等等。会后留下的印象是"我们还
不错"。但大家心里都清楚，如果只是这样，前途极其渺茫——外面
的竞争多激烈啊。尽管大家心里很忐忑，但为了大家面子上感受好一
点，宁愿选择放弃探索未来。这就是很多公司每天都在发生的事。

　　张一鸣说："在商业生活中不坦诚实际上是一种自私的表现，你以
为这能让自己的生活工作更加轻松，而这种'以为'却常是缺乏远见
的，这种缺乏远见则可能根源于怯弱。"

　　敢于拍案而起、直接说出问题的人，在一开始的时候会被视为异
类，被贴上"情商低"的标签。当年年轻的杰克·韦尔奇，也被如此
告诫，他说："从我加入通用电气的那一天，一直到被任命为CEO的
时候，在整整二十年的时间里，我的老板们经常告诫我不要过分直
率。我被归入粗暴无礼的类型，总有人警告我，坦诚直率很快就会
妨碍自己的事业。"

　　幸好，人们虽然害怕尴尬，但更喜欢真实。韦尔奇后来的成就就
是很好的说明。当你呈现出坦诚、务实、高效的工作作风后，就会吸
引同样特质的人加入。这样的团队通常来说，比不坦诚、不务实、不
高效的团队更容易创造好的业绩。

　　除了韦尔奇的启发，张一鸣对于"坦诚"也有自己的理解，他
说："在这个信息流动越来越快、越来越透明的社会，从经济的角度来

看，做一个表里不一的人成本越来越高，龌龊的人会越来越倒霉。不装不但是一个道德品性优选，而且也是更经济的选择。很多人还未意识到这点。"

他点赞这句话：沟通时不留情面的坦诚是好的，而且这并不妨碍你做一个温暖、幽默、有建设性的人，坦诚对于一起做事的人无比重要。

除了一般意义上的不坦诚，还有一种隐藏得比较深的不坦诚，叫作"自嗨"。

对于"自嗨"的抗拒，是字节跳动的文化。张一鸣说："我一直觉得，故意去感动别人，近乎骗。"

如果这种感动，连自己都感动了，那就是自欺欺人了。

现在，张一鸣把"坦诚"带进了字节跳动。

2.
字节跳动的坦诚文化

关于字节跳动是如何落地"坦诚"的老板文化的，我梳理了以下几条细节。

第一，OKR。

字节跳动实行双月OKR，人人都可查阅其他人的OKR详情，从而更好地协同。张一鸣自己的OKR也是公开的，字节人可以了解到老板最近都在忙什么，这样其实可以起到对照作用，了解到自己的努力方向，在公司是否重要。

相比来说，很多公司的部门之间、员工之间是不知道彼此在干什么的。更糟糕的情况是，一个部门里，大家都不知道彼此在忙什么。

第二，信息"加急"。

我们常常在工作中遇到信息未得到回复的事情，你认为很重要的事，但是协同方并不这么理解。这种隔阂，让职场里充满着无限等待。

我曾遇到过这样一个情况，某公司的中层们都在背后议论总裁不回信息的事，但又不敢当面沟通，导致很多事推进不下去。

那么字节人会怎么做呢？通过工作协同软件，将信息加急，强推给对方，强势要求对方回信息，而不用顾及对方是否觉得不舒服。

第三，强势"拉群"。

如果信息加急了，对方还不回复怎么办？那么字节人可以找对方的上司来推进工作，而不需要在乎对方的感受。如果上司也不回信息怎么办？就拉上司的上司，再不行就拉上司的上司的上司，可以一直拉到张一鸣。

字节的文化，让大家没有心理负担地工作。一切都不是在宣泄情绪，而是为了解决问题。

第四，互相打分。

你的工作完成得如何，字节每半年有360度评价，由你的协同者来给你实名打分。你究竟怎么样，群众的眼睛是雪亮的。

互相打分可能会出现老好人的现象，或者是有人恶意打低分的情况。而实名的好处在于，如果出现不客观的老好人，那这个老好人就会被约谈；出现恶意打低分的，也会被约谈。

你怎么打分，群众的眼睛也是雪亮的。

3.
践行坦诚的源头是老板

杰克·韦尔奇说："对某些人来说，成为领导意味着开始了自己的权力之旅。他们喜欢对人和信息保持控制的感觉。因此，他们会保守秘密，不透露自己对员工及其业绩的想法，把自己关于公司未来发展的想法掩藏起来。这种举止当然可以让领导建立起自己的地盘，但是，它却把信任排斥在了团队之外。"

韦尔奇还说："当领导表现出真诚、坦率、言出必行的时候，信任就出现了。""不要试图掩盖或者粉饰那些糟糕的信息，否则，你就可能失去自己团队的信任和能量。"

如果一个管理者希望自己能被所有人喜欢，那他就会失眠头疼。因为你必须要做出坚定的决定，让不合格的员工下岗，让不合适的项目关闭。

显然，过分强硬的要求会招致别人的抱怨和反抗。但正如韦尔奇所说："在充分听取意见，并把自己的想法解释清楚的基础上，你必须向前走。不要踌躇徘徊，也不要欺瞒哄骗。""假如你做到了坦诚——尽管永远不可能做到绝对坦诚——你就能发现，一切都运转得更快、更好。"

张一鸣在践行这一条。

字节人可能很少会接触到张一鸣，但他们都知道：我可以对张一鸣说不。

这个会议室是我先预定的，即便张一鸣来插队，也不应该让。

就张一鸣不专业的地方，我们可以请他闭嘴。

这对员工来说，是再好不过的安全感了。

我之所以推荐"坦诚"，并非为了表扬字节跳动有多棒，而是希望创业者们和管理者们能够意识到，你有更优的手段去解决问题。如张一鸣的话：当感到沟通困难时，最好的沟通方法不是想太多技巧和说法，而是更坦诚地沟通。

当你觉得管理上十分困难的时候，你能够意识到：**能否坦诚沟通是公司团队管理的主要问题。**

坦诚的企业文化是可以习得的。韦尔奇的方法论是：要普及坦诚精神，你就必须激励它、表扬它、时刻谈论它。你可以把表现出坦诚精神的人塑造成大众的英雄。最主要的是，你自己还要活力四射，甚至夸张地把这种精神展现出来，证明给大家看——哪怕你并不是老板。

但是我们也需要有心理准备，和整个人类的世俗文化作对，逆人性地做事，是一件极其困难的事，尽管这样做收益很大。

如何突破呢？抓团队就是抓头头，你应该首先有一支卓越的管理者队伍。管理者能够做到坦诚，团队就有可能贯彻。如果管理者都遮遮掩掩，含糊不清，那么整个团队必然无法做到坦诚。

模 块
MODULE **2**
CEO 如何带好队伍

1. 公司土壤的培植
2. 核心团队的组建
3. 团队氛围的打造

坦诚清晰、追求极致、务实敢为、
开放谦逊、始终创业、多元兼容

" 别人'腐败'的时候我们在努力，别人
消磨时光的时候我们在学习，那么延迟
的满足一定会厚积薄发地来到。 "

I.

公司土壤的培植

字节跳动真正的HR老大

今天我们聊一个话题：好的CEO都应该是好的HR。

方向确定后，团队打造就是首要问题。抓团队就是抓头头，高级管理者们办到了，则团队就容易办到；高级管理者办不到，再好的决策，风一吹，一切照旧。

那么，优秀的高级管理者队伍从何而来？两个途径：第一是引进，第二是培养。

培养的效果取决于什么呢？引进人才的质量水平是很大的影响因素。

聪明的CEO都会在引进人才这一道关上下大力气。张一鸣就是这样一个CEO，而且一以贯之。

十年前，他在组建团队的时候，对自己说："每当想放低要求的时候，我就提醒自己一定不能往低走，而要往高走，我们要做到出彩，而不是完成事情。尤其在早期，核心几个人的能力、素质、态度是最关键的。"

十年后，也就是2020年，字节跳动在引进人才这方面，最重磅的消息就是抖音海外版TikTok引进了CEO凯文·梅耶尔（现已离职）。梅耶尔曾是迪士尼流媒体业务高管，过去二十多年间曾在迪士尼多个重要岗位任职。走向海外的TikTok，既然服务的是全球，那么经营理念就不能只局限在中国高管层。同时，他们需要一个能跟世界对话，并能被世界文化所接受的面孔。

创始人的三大职责：定战略，搭班子，带队伍。我与团队在辅导企业组织的时候发现，很多CEO都能意识到班子有缺角，都认可应该去找人，但是在行动上、时间上却投入甚少，甚至是完全假手于他人，效果自然甚微。

怎么办？来照照镜子吧。

张一鸣可供借鉴的招人方法论，其中最关键的就是两个字——投入，即真正地亲自投入在找人这件事上。

1.
全力以赴的 HR

一般在公司刚创立的时候，CEO都是多面手。但当公司逐渐长大后，如果CEO还不知应该往后退，那就会导致下面的人才长不出来。刚创业的时候，张一鸣也是什么都要管，但他是少有的在一开始就知道自己应该干什么的CEO。

程序员出身的CEO，都忍不住手痒，喜欢扑在一线写代码。有一天，张一鸣写了两个小时代码，他老婆问他：你的职责是写代码吗？张一鸣答复：不是，我是在娱乐！

招人才是他的正经事。翻他早期的朋友圈和微博，招人是其中一大主题。他对招人可谓全力以赴。

北京的冬天，非常冷，下了班的张一鸣去干吗？招人，尽管"下班了，太冷了，冬天影响招人，降低出门拜访的动力"。

2015年是今日头条的爆发期，用户量冲到了3.5亿，日活跃用户超过3500万。那一年冬天的雾霾很严重，张一鸣在干吗呢？招人。如他所说"披星戴月，穿过雾霾去面试候选人"。

程序员出身的张一鸣不仅招开发，各个岗位他都招。

其中UI是他非常关注的岗位。以前他认为UI应该具备"有洁癖、有sense"这样的个人特质，到了后来，他觉得UI还应该具备良好的设计基础，关注产品效果，注重用户体验。这应该是他实践学习后迭代的成果。

他还发朋友圈招过HR和财务。对于这两个岗位，张一鸣的要求是："招聘HR，高情商，人脉多，亲和力好，上进心足；招聘财务总监，四大背景且有公司经验优先，自我要求高优先。"

2014年，他还曾以给股票的方式，求推荐人才。他说："想着好多令人激动的事没做，夜不能寐，求MLP[①]、机器学习、搜索广告推荐背景的资深工程师、架构师，推荐成功奖1万元或头条等值股票。"

后来，张一鸣总结说："从2015年初到年底，今日头条员工从300多一下增长到1300多，肯定不都是我亲自招来的，但还是有不少是我亲自沟通的。如今我夜归大多也是去见候选人，有时候甚至从下午聊到凌晨。我相信并不是每个CEO都是好的HR，但我自己在努力做一个认真诚恳的HR，披星戴月，穿过雾霾去面试候选人。"

一分耕耘一分收获，三分耕耘八分收获，十分耕耘百分收获。

你把时间投在哪里，收获就在哪里。

---

① Multilayer Perceptron的缩写，即多层感知机模型。

2.
自我反思的 HR

　　有投入了，不一定就有收获，但能真正认知一些事情，从而了解自我的不足，知道迭代方向。

　　全力以赴招人的张一鸣，了解到了一个真相：真正的人才光靠三顾茅庐是不够的。有人问他，难道要四顾？

　　张一鸣的回复是："不仅仅是四顾。统计了一下，至少给十个人，基本一年一次反复发过不同邀请。还有同时发两个的。邀优秀人才共事，不限一时一地。"

　　这也符合他一直强调的"大力出奇迹"的方法论。拿下一个人才，跟做好一款产品的底层逻辑是类似的：**你得真的想要，然后全力以赴，穷举方法论，直指目标**。

　　好的人才是稀缺的。招人就跟我们买房子一样，好房子一旦看中了就赶紧下手，你再犹豫就没了。张一鸣感慨："最近已经3次了，感觉不错的人，想再考虑下，过几天尝试和他联系，然后，然后发现这个人的微博说明变了，去新东家了。Action！Action！Action！"

　　团队招进来后要干吗？很多公司把人招进来之后，就再也不管了，真的是太懒了。张一鸣的做法是**"使之相信，然后并肩作战"**。

在创业初期，他就意识到，新人入职后，要赶紧做文化培训和团队活动策划。"文化建设"是张一鸣多次提到的团队打造的关键词。

3.
渴求效率的 HR

我曾听一个投资人大佬说过这样一个需求：在双创的高潮期，为了看一个项目到处飞，那么有没有一个工具，能够每天视频推荐项目呢？创业者出镜介绍自己的项目，投资人每天睁开眼睛，在马桶上打开手机就能看。

张一鸣也提了一个类似的需求。他说："希望有这么一个推荐系统，不断刷新给我推荐人才的资料，我感兴趣就点击头像，微信发起视频邀请和他聊会儿天。根据喜好和质量需求，推荐全网的人才，这样一天能过100人吧。目前招聘效率太低了。"

4.
激情四射的 HR

为什么有的HR能招到特别有才能的人，而有的不行？

HR是公司很重要的入口，如果想吸引优秀的人，就需要HR能够释放出能量。如果跟一个HR聊，通过他既看不到公司的现在，也看不到公司的未来，挑动不了优秀的人的奋斗激情，对公司的事业和愿景来讲，那真是一件可惜的事。

张一鸣是一位非常有能量的HR，他特别能喊出一些具有煽动性的口号。在他们版权危机的时候，张一鸣的关注重点依然是招人，他是这么说的："到最有争议的公司，干最有挑战的工作，产品、技术、公关、法务，全要。"

优秀的人，最渴望的就是不确定性，因为不确定性意味着"有机会"。"最有争议"（当然你得是合法的，能创造价值的）和"最有挑战的"，这两个关键词都很吸引人。

张一鸣的金句"空间有形，梦想无形。与优秀的人共事合作"也是同样的道理，非常能吸引年轻的（心理上的）、优秀的人的共鸣。HR通过虚构的能力，能让候选人真的看见，切实感受到未来，这种竞争力非常厉害。

　　优秀的HR，不仅要会招人，还需要满足人才的需求（含绩效、工作环境、人文等），以及做好人才培养。在人才培养上，作为CEO的张一鸣极愿意花费时间和精力。

　　希望每位高层管理者，在未来的事业中都能具备理性、有逻辑、有自控能力、有企图心等素养。

乔布斯对张一鸣的这七点启发，你也应该了解

探究创业公司字节跳动，为何能在看似几无缝隙的移动互联网格局中突破围剿成为新的一霸，是我们研究字节很重要的初心。

令人惊喜的是，我们发现字节在领导力和组织层面所奉行的理论来源，跟我们所倡导的目标管理体系——德鲁克所精细描绘的管理者应该如何自我管理，以及安迪·格鲁夫所推行的组织目标管理体系OKR，一脉相承。

但为何字节能把目标管理体系践行得如此之好？这是我们进而研究张一鸣的初心。为了能够把张一鸣"思考背后的思考"吃个透，我们精读了张一鸣的书单。

又有非常有趣的发现：《史蒂夫·乔布斯传》是张一鸣看了又看的一本书，2012年开始看，到2014年又看，再到2016年又看，至少看

了三遍。

我们精读完这本书，再来对比字节跳动的经营，有了非常深刻的理解——乔布斯的很多理念，让张一鸣很有共鸣。

正确和有效的东西往往都需要遵循常识。

我们来看看这份人物关系链：

德鲁克是目标管理体系的发起人；格鲁夫从目标管理理论延展出OKR；格鲁夫是乔布斯很重要的导师和投资人，乔布斯在很困难的时候，会给格鲁夫打电话寻求帮助。

张一鸣应用了德鲁克的目标管理理论和格鲁夫的OKR，还是《史蒂夫·乔布斯传》的深度读者。乔布斯是雷军的偶像，而雷军也正是字节跳动的投资人之一。

张一鸣被称为中国的扎克伯格，而乔布斯非常欣赏扎克伯格。扎克伯格也很敬佩乔布斯，扎克伯格独裁且文艺的风格也很像乔布斯，但他更想成为像比尔·盖茨那样的人。而在比尔·盖茨的首富成长之路中，格鲁夫是很重要的助力。

理清这些人物复杂关系的很重要的因素是他们有重合的价值观——做出一家伟大的公司，应该遵循的一些规律和常识。

下面，我们通过拆解《史蒂夫·乔布斯传》对于张一鸣的启发，来看看这些常识和规律分别有哪些。

1.
如果你想做伟大的公司，一定要找一流人才

很多创业公司在草创阶段，对于未来所要应对的挑战理解不够，搭班子的时候，可以用两个字"将就"来形容。能来什么样的人，就用什么样的人。

2012年，张一鸣在搭建今日头条班子时，对自己说："每当想放低要求的时候，我就提醒自己一定不能往低走，而要往高走，我们要做到出彩，而不是完成事情。尤其在早期，核心几个人的能力、素质、态度是最关键的。"

乔布斯在20多岁刚创业的时候，也是如此。1980年的苹果，乔布斯对于招聘流程有着严格的控制，目的是找到具有创造力、绝顶聪明又略带叛逆的人才。

他会问求职者一些古怪的问题，以考验他们在突发状况下的思维应变能力，以及幽默感和反抗精神。

比如他会问：

你是几岁失去童贞的？

你还是处男吗？

…………

　　后来当苹果做大了，苹果需要成熟的职业经理人，乔布斯亲自三顾茅庐，把斯卡利（百事可乐前总裁）挖进苹果，并说出那句传世的挖人名言：你是希望卖一辈子糖水，还是想抓住机会来改变世界？

　　尽管后来，斯卡利把个性十足的创始人乔布斯赶出了苹果。

　　无论职业生涯怎么改变，乔布斯对于人才的理念没有改变：**如果你想建设一个由一流队员组成的团队，就必须敢下狠手，让二流的人离开，因为你不这样做，没人会这样做。如果你吸收了几名二流队员，他们就会招来更多的二流队员，很快，团队里甚至还会出现三流队员。**

　　乔布斯认为，很多人说一流的人才不好共事，但是他的发现是，一流的人才只是不喜欢和三流的人才共事而已。这意味着你不能容忍二、三流人才。

　　在苹果，重要岗位的招聘，候选人会被安排和公司的主要负责人面谈，而不是只见一下招聘部门的负责人。乔布斯说，这样做的目的是避免"笨蛋大爆炸"，免得公司上下充满了二流人才。

　　字节跳动的招聘过程和苹果一样严苛。有个大厂出身的朋友说，他给字节跳动推荐了六十个身边的朋友，但只通过了一个。为了防止人才密度稀释，字节跳动设计了严密和高效的招聘体系。

　　比乔布斯更进一步的是，张一鸣认为在招聘、人事变动等重要决

定上，需要有正式的思考，并且要把这些思考写下来。这样能避免
"不认真"，并使将来的回顾和提高有了基础。即如果不小心让"三
流人才"进入，还可以有历史档案来复盘纠错。

2.
追求极致，过程就是奖励

张一鸣奉行的理念：做不好的就别做了，要做就必须做到非常
好。不但做了，而且做好了，还要每天问问自己哪里做得有新意。

如今"追求极致"写进了字节跳动的价值观里，指引着字节人的
行动并考核着他们。

在追求极致这方面，乔布斯可谓是大师。

2013年，张一鸣看完《史蒂夫·乔布斯传》后，留下这样一段话：

"花了六个月看完kindle上英文版《史蒂夫·乔布斯传》前半本，
昨天花了六个小时在iPhone上看完了中文版的后半本。实话说，我被
震惊了：乔布斯不是完人，毛病很多，但在对平庸的极端不容忍和对
卓越标准的极度追求，以及因此而做出的牺牲上，好到令人却步。"

乔布斯无法忍受从产品中感受出草率的态度。

很多公司是敲定一个完工日期后，就不允许再更改。但乔布斯不是这样的人，他的名言是：直到上市，产品才算完工。乔布斯告诉团队，即便是错过上市日期，也不能粗制滥造。

他的"现实扭曲力场"，总是让人能完成他们认为自己办不到的事情。

1984年，因为乔布斯的追求完美，开发周期已经严重拖延的Mac，终于要开发布会了。但是乔布斯的开发团队发现还有一处没有完善好，于是给乔布斯打电话，请求再给两周时间。

乔布斯没有生气，相反用低沉的声音告诉团队他们真的很棒，他相信他们能够搞定。他郑重地说："我们决不会推迟！这个东西你们已经做了好几个月了，再多两个星期也不会有很大差别。你们还是赶快把它做完。我会在一周后将你们的程序交付运行，上面会标有你们的名字。"

结果乔布斯的团队真的做到了，他们也难忘那段缺少睡眠的岁月。

在"996"工作制的字节跳动，只要高层思路清晰，大部分人就充满了斗志与乐趣，因为为了追求成长和极致，所受的辛苦和煎熬，不算什么。

过程就是奖励。

3.
注重团队建设，注重文化打造

字节跳动有著名的字节范，有著名的"CEO面对面"，而且发展到了目前近10万员工，依然没有事业部，以功能性部门来主导。

这跟乔布斯的经营理念也非常像。

关于团队建设

20世纪80年代，乔布斯每半年会带着他年轻的团队到郊外去开集思会。他离开苹果创建NeXT，开集思会的频率更高。后来他回到苹果，每年会开"百杰集思会"。他通过这些活动去传递思想，打造团队。

1997年，乔布斯重回苹果，第一件事就是帮助团队争取期权权益，而且他要求董事会必须兑现，因为人才是问题的关键。如果不通过，他就不来上班。而为团队争取来的权益，他个人一分也没有。

对于团队的苛刻，甚至体现在乔布斯对于董事会的要求上。他重回苹果的第二件事，就是要求原董事会成员辞职，因为他觉得他们都是蠢材。他选择那些跟自己站在一起，并且更有价值的人加入董事会。

关于文化打造

20世纪80年代，乔布斯对他的团队说：我们要当海盗，不要当海军。

团队要有一种叛逆的感觉，能够快速行动，做成事情。

这支海盗团队打造了天才产品Mac。

后期更加成熟的乔布斯，有了更加成熟的公司经营理念。

他非常注重打造合作文化。很多公司以少开会为荣，但乔布斯相反，每周一开高管会，每周三下午开营销战略会，此外还要开无数产品评论会。他坚持要让所有参与者一起讨论问题，利用各方优势，听取不同部门的意见。

因为他坚信苹果公司的一个巨大的优势，就是各类资源的整合，他希望公司的所有部门都能够并行合作。

所以在苹果，产品不是像流水线一样，从设计到营销，再到分销，相反这些工作是同步进行的。

"我们的方针就是开发高度整合的产品，这也意味着我们的生产过程也必须是通过整合和协作完成的。"

如果团队合作不力，乔布斯会解雇有关人员，他就用这样的方式最终赢了索尼。iTunes促进了iPod的销量，又带动了Mac的销量，而索尼则是硬件部门和软件部门以及内容部门永远无法在一起合作。

库克说，苹果公司没有财务独立核算的事业部，全公司统一核算。

张一鸣在这段画了重点：

事情做不好就想用事业部制解决的公司通常不好。2007年开始困扰职能与垂直部门问题，就是上次看到这段开始有思路。规模不大又叫集团，主业一般就想布局，试图多有几个子公司的公司往往不好，哪怕是上市子公司。

乔布斯说，永远不要担心内部相残，与其被人取代，不如自己取代自己。所以即便iPhone会蚕食iPod的销量，而iPad会影响笔记本电脑的销量，都没有妨碍他的创新。

1997年，经典的"Think Different（非同凡想）"的广告，不仅让市场重新找到了苹果原来的味道，也让团队找到了精神支柱，找到了文化归属感。

这跟字节的理念很像，对外和对内都需要传播，员工也是我们的用户，同样需要认可我们的理念，从而更紧密地合作。

苹果和字节都很注重"坦诚"这一文化。

情绪暴躁的乔布斯说："诚实是我的责任。我知道我在说什么，而且事实证明通常我是对的。那是我试图创建的文化。我们相互间诚实到残酷的地步，任何人都可以跟我说，他们认为我就是一堆狗屎，我也可以这样说他们。我们有过一些激烈的争吵，互相吼叫，但那可以说是我最美好的一段时光。"

温文尔雅的张一鸣认为："当感到沟通困难的时候，最好的沟通方法不是想太多技巧和说法，而是更坦诚地沟通 。"

4.
宿命和动力源泉

茨威格说："一个人生命中最大的幸运，莫过于在他的人生中途，即在他年富力强的时候发现了自己的使命。"

2009年，时年26岁的张一鸣上任九九房CEO。2012年，29岁的张一鸣创办今日头条。

1984年，刚刚发布Mac获得了成功，处于人生巅峰的乔布斯，迎来了自己的29岁生日，他写了一段话：

我会永远保持与苹果的关系，我希望这一生，能让自己的生命历程和苹果的命运彼此交错，就像编织一幅挂毯那样。可能我会离开苹果几年，但我终究是会回来的。而这就是我可能想要做的事情。关于我，应该谨记的关键一点就是，我仍然是个学生，我仍然在新兵训练营。

1985年，乔布斯被斯卡利赶出了苹果，陷入人生低谷。1997年，乔布斯已在外"漂"了12年，当时他有了另一家上市公司皮克斯，也有了幸福的家庭，他在考虑要不要重返苹果。

后来他决定回去，他跟他在皮克斯的合伙人拉塞特商量："我想我做这件事（回苹果）的唯一原因是，这个世界如果有苹果就会变得更好。"

拉塞特温和微笑着："我祝福你。"

iPod让他们再一次大获全胜，比尔·盖茨继续抄袭，但是失败了。乔布斯认为他赢的原因是热爱，他们做iPod是为了自己："当你真正为自己、为好友或家人做一些事时，你就不会轻易放弃。但如果你不热爱这件事，那么你就不会多走一步，也不情愿在周末加班，只会安于现状。"

张一鸣把这段也画了重点。

张一鸣说："Develop a company as a product.（打造一家公司就像打造一个产品。）"

乔布斯的动力源泉在于做一家基业长青的公司，12岁那年，他在惠普兼职实习时就了解到，一家妥善经营的公司能够催生大量创新事物，远胜于任何一个有创造性的人。

"我的激情所在是打造一家可以传世的公司，这家公司里的人动力十足地创造伟大的产品，其他一切都是第二位的。当然，能赚钱很棒。因为那样你才能够制造伟大的产品。但是动力来自产品，而不是利润。"

5.
专注

张一鸣解释什么叫作"事不过三"，即当前最需要关注的事情不超过三件。他说堆砌的产品不会带来安全感，准确的抉择才会。

乔布斯重返苹果后，面对的是各种为了满足零售商的奇奇怪怪的产品线，以及一些稀里糊涂的开发团队。他立刻大刀阔斧地开始"瘦身行动"，很快他就砍掉了70%的产品。他对团队说，你们是聪明人，不应该把时间浪费在这些垃圾产品上。

	高端	低端
便携	Macbook Pro[①]	Macbook Air
台式	Mac Pro	iMac

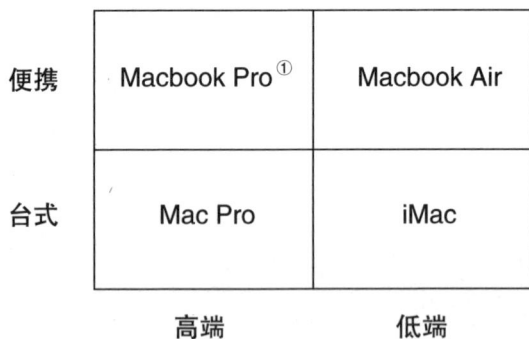

　　他画了如上图所示的四个象限，他们的工作就是做四个伟大的产品，每个象限一个。

　　专注力拯救了苹果。乔布斯在回归第一年裁掉了3000人，扭转了公司的财务状况。1998年第一季度，苹果在连续两年巨亏之后，终于实现盈利4500万美元，1998年整个财年，实现盈利3.09亿美元。

---

① Macbook Pro、MacBook Air、Mac Pro、iMac为苹果公司的四种产品。

6.
重视讨论

张一鸣的名言：**读书使人充实，讨论使人聪明，写作使人严谨**。

在字节，有读书交流会，有培训交流会，有内网沟通，张一鸣重视促进信息高效运转。

乔布斯非常推崇面对面去交谈。他说，在我们这个网络时代，有一种想法认为，创意可以通过邮件和网络聊天被开发出来。但他认为，创意产生于自发的谈话和随机的讨论中。比如你偶遇某个人，问对方最近在做些什么，然后你说：哇，很棒。你就会蹦出各种想法。

所以乔布斯在建造皮克斯大楼和苹果园区的时候，重视"偶遇"和"计划外合作"的元素。

苹果内部，自由发表意见的重要场合是每周一上午的管理团队会议。会议9点开始，持续三至四个小时，讨论的重点常常着眼于未来：每款产品接下来该怎么做？应该开发哪些新东西？乔布斯会利用这个会议加强苹果公司的共同使命意识，这种集中式控制，将苹果公司犹如一个优秀的苹果产品那样紧密地整合在一起，并且防止了部门之间的斗争。

　　乔布斯还利用这个机会强调公司的焦点所在。他不允许团队出于营销的考虑增加产品，也不允许主意满天飞，苹果公司一次只着重于两三个优秀项目。

　　苹果的集思会，目的是让最优秀的人参与讨论。坦诚的文化，能够让"讨论"极大地发挥效力，推动公司向前。

7.
最后

　　乔布斯的敏感、情绪化和暴脾气，让他身边的人，包括家人都深受其伤。

　　这也许也是扎克伯格更想成为比尔·盖茨的原因之一吧，或许，张一鸣也是。

跟字节跳动学组织，别忽略了这些细节

短短8年，张一鸣打造的字节跳动，在巨头围剿下，成了与BAT并驾齐驱的头部互联网公司。2019年字节跳动营收增长至1400亿，团队规模达6万人；2020年底，规模增至近10万人。很多人疑惑，张一鸣及其团队是如何做到快速而有效的？

OKR是字节跳动的一个关键词，以至于字节跳动火了，OKR在中国市场也更火了。从字面意思来理解，OKR（Objectives and Key Results）很简单，公司自上而下，自下而上，围绕同一目标奋斗，每个人又有自己明确的小目标，通过KR的明确，彼此知悉对方的动作，从而达到组织的有效协同。

大部分中国公司建团队都很难，既然有人实验出一套不错的办法，就蠢蠢欲动开始学，并准备引进OKR了。需要提醒的是，如果只学其形而失其神，字节跳动的OKR，将可能成为继阿里中台，华为奋斗者文化后，搞坏创业公司团队的第三个坑。

阿里的中台好，很多公司纷纷跟随上中台，结果根本用不起来，因为忽视了一点，中台是需要积累的。华为的奋斗者文化好，很多公司只学到了狼性，要大家加班，却没学到华为的分钱哲学，以及细致到末梢的系统能力。字节跳动的OKR很好，极大地激活了组织的活力，但要让OKR发挥作用，则是一件复杂的工程。

无论是阿里的中台，华为的奋斗者文化，还是字节跳动的OKR，都是对优秀典型的抽象总结。但管理是一项充满了活性和细节的活动，学习管理的时候，如果失去了具体的场景联系、上下文诠释，僵硬地当作信条去执行，就容易让动作变形。当然，只关注细节，大家又无从学习，所以适度地总结也有其好处。学习和管理的道理是相通的，都有需要平衡的地方，适合自己的东西才是好东西。

当企业拥有了源源不断的人才，才会有无限想象的空间。作为赋能型组织的观察者，我想跟大家分享一些相关的细节。

1.
并不完美的字节跳动

普通人难免走入成王败寇的逻辑，认为成功者什么都好，现实情况没那么极端。没有包打天下、一劳永逸的武功，如果有，那肯定是骗你钱的。承认字节跳动组织发展中的缺陷，是更好地学习他们的前提。接下来我提出几个问题，供大家思考。

（1）规模大到了6万人，如何保证尽可能多的人处于思考状态？

老板每天99%的时间，都投入在工作上，自然思考浓度高。每一个岗位上的职员，他们除工作以外，身处的环境五花八门。有的今天失恋了，有的今天头疼脑热了，有的觉得周边同事无法相处，有的觉得今天天气不好，这些都可以成为今天无法集中注意力工作的原因。当6万人中，有一小部分比例的人处于这种状态，对于组织和业务的发展，都是很大的折损，而这必然是企业的常态。

（2）人才素质如何保证？

张一鸣早期创业时，有时候手痒写几行代码，他老婆都会问他：你作为创始人难道职责是写代码？他回答：不是，我是在娱乐！那么他的职责是什么？从一开始，他认为自己最重要的职责，就是严把招聘关，确保早期进入的人才都是高标准的，对的人才能把对的事情做好。以至于出现有一个星期，他面试了大量人才，最后只确定了一个实习生的情况。

对初始人才的高标准要求，能起到层层往下高要求的作用。但时至今日，到了6万人，即便把人才标准制订成了明文准则，大家在执行的时候，理解上也是五花八门，那么就会在一定程度上造成后续进来的人良莠不齐的情况。

（3）如何应对人员划水的问题？

字节跳动跟华为一样，都是高强度工作的地方。但大公司对于很多人的吸引力在于，我可以去那里镀金。动机不纯的情况下，员工如果想划水，总有各种办法。6万人里，只要有一定比例的人划水，那么对于系统的损耗，也是巨大的。

（4）对于目标的理解如何尽可能统一？

在研究张一鸣输出的内容时，我发现他有一段时间特别关注"单个词语"的准确含义。只要做了管理就会发现，对同一个词语，每个人的理解都不一样。对于共同目标，也会因为员工背景各异而导致理解上千奇百怪。

　　比如公司的文化推行，有的人觉得十分有必要，有的人觉得虚。有的人觉得公司很不错，有的人觉得在公司里待着也不过如此，外面吹得言过其实。

　　其他公司遇到的问题，字节跳动一个也不少。

2.
字节跳动的应对原则

　　问题是相同的，应对问题的态度与逻辑，开始让我们彼此拉开差距。我所了解的字节跳动团队，他们的态度是这样的。

　　第一，承认问题的存在。

　　虽然从收入和规模上来讲，字节已经做到了头部，但在字节团队的表达里，他们并不认为自己非常成熟，而是始终认为自己还在路上，无论是治理还是运营都还很粗糙，并非达到了非常高的水平。用张一鸣的原话说：过去两年，（我们在组织上）问题多思考少。

　　承认问题是解决问题的重要前提。

第二，尽早探索。

在公司只有几个人的时候，张一鸣就注重人才素质；到公司几十个人的时候，张一鸣就开始思考指标系统的建立；到了千人左右，公司就开始推行OKR。

很多人把别人用得好的东西照搬过来，发现不好用，其实最关键的原因是，别人的好是靠时间累积出来的。**失去了"时间"这个维度，很多东西都不好用**。

这么看来，尽早探索就是一个优势。

第三，头脑清醒。

我们在学习字节跳动，而在这个市场上，字节跳动也是一个学习者。但他们在学习的时候，清醒地意识到没有包打天下的一招，没有可以照搬的，那就取各家所长，找到适合自己的。

从杰克·韦尔奇那里学到了"坦诚"，从德鲁克那里学到了"自我管理"，从阿里那里学到了文化，从华为那里学到了系统，从谷歌那里学到了OKR，等等，再结合自身业务，以及人才素质情况来发挥作用。

第四，不盲目相信经验。

字节跳动的人力负责人华巍，之前在凤凰网做投资，在专业上跨度很大。而且华巍年纪不大，不过30多岁，比张一鸣小。按照常理说，能做好庞大人力系统的人是不是得老谋深算一点？比如马云的关明生。

很多公司在组织上遇到问题后，都会倾向于在大公司挖一个资深的人力负责人，而普遍的情况是最后用得不好。其原因第一是老大对于人力工作的理解度不够；第二是这个人的光环是平台大于实际能力，可能专业上可以，但是对于事物的理解度不强，导致专业无法在实际工作中推进。

在字节跳动，这群年轻人不相信大方向上有人能给他们指导，他们相信的是思考，测试，失败，再思考，再测试……直到找到解决方案。

第五，重视人力系统。

尽管很多人都意识到了，老板做到最后，其实就剩下两件事——财务和人力，但很多老板是业务出身，对于自己不懂的东西，习惯性回避，能找人代替就尽量不自己上。这就导致很多公司的人力系统，永远难以走到核心。这种情况下，人力就难以发挥强大的作用。

但字节跳动不是，字节的人力系统是核心部门之一。在张一鸣的八周年致全员的信里，他说他的2020年的三条任务，第一条就是更好地改进组织管理。

第六，薪酬高。

如何让员工有危机感？要么把公司分给员工，要么给员工开高工资。他离开了这里，就再也找不到比这薪水更高、空间更大的工作了，他当然紧张这份工作。

字节跳动的薪水是有竞争力的，很多大厂的人，最近都在往字节跳。

第七，让员工有战略思维。

我曾听说阿里最一线的开发们在办公室外面抽烟时，都在聊如何让产品成为中国第一、世界第一。做销售的人，不认为自己是在做销售，而是认为自己在帮助公司做商业化。如果每一个员工都在尽力让事情变得更好，几万名员工的能量就太大了。

在让员工有战略思维这件事情上，字节跳动是认真的。第一，他们尽可能地选拔有战略思维的人；第二，给予有战略思维的人充分的信息和机会，让他们开阔视野；第三，不惧怕想要更多的人，不欢迎佛系、小确幸，你想要多少，就要付出多少；第四，交代工作上，不是告诉你做什么，而是告诉你为什么做这个，为什么你这件事优先级高，让大家自发地去推动事情。

薪水高这个因素当然也很重要，月薪5000元的人和50000元的人，思考的深度和强度自然是不一样的。

第八，危机感。

字节跳动加班很严重，跟华为差不多，大家都很累，非常辛苦。但他们没有怨言，除了工资高，还有一个很重要的原因，就是这个团队有一个共识：好饭都已经被别人占了，我们是后进者，想要活下去肯定要更努力，**当别人在存量里厮杀的时候，我们要在增量里找活路。**

虽然他们现在手头握有抖音、今日头条等爆款，但他们不相信有什么东西可以万年不倒，今天松懈了，不进步了，明天就有人来攻你的山头，到时候你想迎战都难，因为你人不行了。

3.
最能凝聚团队的是希望

本身市场下行已经很艰难了，很多公司都在叫苦，谁知道又来了疫情，日子更难了。张一鸣的八周年致全员的信发出来就在全网刷屏，因为他的字里行间全是希望：要全球化，要承担社会责任，还要做教育等。既然这封信能刺激市场，就更能凝聚他的团队一起往前走。

首先，他们知道老板了解公司管理存在的问题，没有当鸵鸟，而且会在未来着重解决这个问题。那么生存在这个系统里的人，就会适度安心。

其次，张一鸣在信里强调要承担社会责任。这群年轻人通过努力不仅自己拿到了很好的回报，在未来还要回报社会，这是一家有大义的公司。在这样的公司工作，有自豪感。

最后，字节跳动的产品一直被诟病没有价值观，让用户沉迷，而老板释放的战略信息是，我们要做教育，成就更好的人。战略是由不满意激发的，张一鸣说，他对教育的关注，来源于对人才的渴求。这个战略能被整个团队所接受，或许也源自整个字节跳动团队对认可度的渴求，正中人心，上下同欲。

没有永生的人和组织，在我着手研究字节跳动和张一鸣的时候，我最担心的就是年纪轻轻的张一鸣会不会突然有一天，觉得差不多了，可以了，从而导致我的研究最后失色。感谢我的网友李九良的提醒，他说，企业最后是不是倒掉，并不重要，张一鸣、任正非、王兴、雷军这些人的存在，为行业树立了信心、建立了榜样、培养了人才，无论结局如何，他们都是历史的创造者、开拓者。从全社会来说，这种人很了不起了，他们会把我们国人的自信、认知、行为方式，提升到一个全新的高度。

张一鸣的底层系统和字节跳动的文化

什么是一个人的底层系统？有很多种解释，有人说是一个人的情绪，有人说是一个人的精神结构……这些说法都有其道理。但本文采用最通俗的解释，即这个人的三观是什么——他怎么看待这个世界，怎么看待自己的人生，他遵守什么样的价值观和规则。

即便在当下越来越讲究平等的组织关系里，**创始人和管理层的底层系统依然对公司文化起着决定性作用。**

我们所说的这种决定性作用，不是指他们本身的三观直接成了这家公司的文化，而是指这帮人为了达成公司的目标，共同制订出一套使命愿景、价值观、行为准则，并按照这套标准要求自己的行为，不断去迭代自己，从而上行下效，最终形成公司的文化。

有清晰文化的公司，他们的优势在于有了一套统一的沟通语言，对于提高协作效率，达成共同目标大有帮助。

自2016年我开始接触字节跳动，去了解这家公司的文化，听到过两次这样的评价：

一位字节的基层干部对我说："这里很注重坦诚，公司的风格有很深的张一鸣的烙印。"

字节的高级副总裁柳甄在CCTV-2的《对话》栏目里说："感觉到整个公司的风格非常像他（张一鸣）。"

我们将就张一鸣的底层系统和字节跳动文化的关系，来思考创业者如何打造公司的文化，以助力企业的目标达成。

1.
张一鸣的底层系统投射到字节跳动

要有所作为——字节跳动的热情

张一鸣，字节跳动创始人，这只是他的一个社会身份而已。他还有很多其他身份，比如说"自然观察者"，他对于商业的执行力，或许也是源于他对这个世界的好奇心。2015年的一个晚上，在今日头条高歌猛进的时候，他在朋友圈留下这样一段话：

"睡前到露台再看看高原上会眨眼的星星，却看见无数星星散落的浩瀚银河，脑补每颗恒星聚变爆发的样子，同时回顾银河的直径与光年的定义，心开始有点怦怦跳。"

自然如此浩渺，我们如此渺小，真的应该做点什么，来都来了，对吧？张一鸣是一个特别想做事的人，比如说，他会在夜里3点爬起来发朋友圈：

"夜来风雨声，被蚊子咬醒。想想这两天工作读书都有些欠缺，起来干点事。"

看着软软糯糯的一个人，实际上非常容易激动，他一直不停地想，如何才能够让未来更精彩一点呢？

想着好多令人激动的事没做，夜不能寐。

张一鸣的这一特征，也在一定程度上投射到了字节这个团队。我们所接触到的字节团队成员，每晚加班到11点是常态。问他们为什么这么拼？公司对他们做了什么？他们说，公司除了找到了一个正确的方向，聚集了这样的一批人，实际上没做什么。但是这个氛围很有感染力，大家都是这个状态，简单，极致，团队非常年轻，想要做点事。

延迟满足——字节跳动的长远目标

王兴爱看书，张一鸣也是一样。"延迟满足"几乎成了张一鸣的代名词，这四个字在张一鸣爱看的书《少有人走的路》中多有着墨。这一人生观也跟他上学时期看的人物传记呼应上了。

他曾说："我读了很多人物传记，如果说有收获，那就是这些伟大人物在没有伟大之前，也过着枯燥的生活，每天都在过着看似微不足道的生活，但这些事情最后由点连成线，最后成就了他们。"

今天的困难、枯燥、沮丧都不算什么，因为我们有未来，而这些困难、枯燥、沮丧，或许会汇聚成我们未来的伟大。**认定自己未来不凡的好处是，当下的选择会更无畏，更长远。**

阿里员工有一个普遍特征是元气满满，全身上下写着"我能"二字。字节跳动的员工也有一些共同特征，比如焦虑而又自信。为什么焦虑？因为挑战很大。为什么自信？也是因为挑战很大。

坦诚——字节跳动的沟通机制

杰克·韦尔奇的《赢》是张一鸣非常推崇的一本书，尤其推崇里面谈到的"坦诚"。张一鸣认为企业成长的大敌，就是缺乏坦诚。关于坦诚的重要性，他不断强调，比如他说：

"在商业生活中不坦诚实际上是一种自私的表现，你以为这能让自己的生活工作更加轻松，而这种'以为'却常是缺乏远见的，这种缺乏远见则可能根源于怯弱。"

目标的完成，绝非一人之力所能及，那么就需要协作。人多了就需要沟通，我们常常会说语言是苍白的，语言本身所能传达的信息就很有限，加上我们还会有所隐瞒，不够坦诚，难怪创业大部分会失败。

很多创业公司从百人跨越千人就会崩盘，所以有过来人很好奇字节跳动为何能在八年时间里做到数万人的规模而不崩盘。

张一鸣曾经给了一个答案，是"Context, not control"，即少一点控制，多给出上下文信息，帮助一线的人获得更充分的信息，从而能够做更好的决策，而不是把问题都集中到CEO这里。

我所了解的字节跳动，在"透明"沟通机制的打造上做得非常极致。通过在线工具和文化的保障，员工们能获得与工作相关的上下、前后、左右同事的信息，而少有出现中高层干部握有信息特权的现象。

字节的高管们被要求更注重"非职权影响力"，如果你想要团队愿意跟随你，你要思考你能给团队带来什么，而不是依靠你的位置带来的特权。

自我迭代——字节跳动的前进方式

亚马逊的贝佐斯有很多众所周知的特点，比如笑声很刺耳、骂人很难听，当然还有他超级强的自省能力，这能让他自己快速迭代。他曾说，好的领导者应该是善于倾听、收集信息并做出判断，且有着宽广的胸怀，不介意修正自己原本的想法，有着开放性的特点。

张一鸣笑声不刺耳，但可能他说话很直接，他也如贝佐斯一样善于自省和自我迭代。张一鸣是一个"梦境研究者"，他很喜欢说关于"梦"的话题，他时常与自己的梦对话，比如他说：

"如果不能正视自己的缺点，试试多回忆、总结自己的梦境，梦里不能装。"

当发现有问题之后，他会对自己说："**从自己开始，从现在开始。**"

据我们观察和总结，他甚至有一套从如何认识自我、反思自我，到如何对抗干扰，进而完成自我迭代的方法论。这大概也是字节跳动这几年突飞猛进的底层原因吧。

我常常见到来自字节跳动的年轻朋友，便问他们是如何应对当前的挑战的。他们既无奈又笃定地说："我们知道前方是对的，那就大胆地前进，至于微观的方法论，那就在**思考，测试，思考，迭代，测试**……中去完成吧。

2.
如何迭代自我的底层系统

　　我的团队在很多公司看到的最严重的问题，就是缺乏统一的沟通语言。大家在沟通的时候鸡同鸭讲，大家既不知道公司将要去哪里，也不知道彼此的价值观是什么，然后互相试探，猜猜猜猜猜。

　　当老板意识到价值观很重要之后，就跟着其他公司去学一些很好听的词，然后挂在墙上。

　　其实也就只能是挂在墙上，因为这些词并非来自你和你的管理团队的底层系统，你们都不是真的在践行，其他人也很难去跟随。不是内生出来的东西，就很难坚持。

　　但如果你们团队是什么样的三观，就定什么样的文化，会不会不够有高度呢？如何解决这个问题呢？答案只有两个字——学习。

　　只有学习，我们才能知道真正好的东西是什么样的。当刷新了自己的认知之后，才能有更高的奋斗目标。

　　我的团队发现一个规律，没有经过现实毒打的人，是不会去学习的，他们以为自己所了解的这一片区域就是最好的了，以至于无论怎么努力，都只是在原地打转。**真正聪明的人，会去向前人发问，向经典发问。**

德鲁克的思想是非常多企业家所推崇的，包括张一鸣，他在微博上提到了德鲁克《卓有成效的管理者》对他的思维启发：

《卓有成效的管理者》中经常强调勇气，就像《赢》中强调坦诚一样，让人知道，很多时候不是需要更精巧的技巧，而是需要更本质的素质。

卓有成效的管理，就是发挥每个人的长处。

卓有成效如果有什么秘诀的话，那就是善于集中精力。

如果想更高效地建立团队的共同语言，最好的办法是四个字——一起学习。

2.

核心团队的组建

如何吸引人才？十年前，张一鸣总结了这十六字

越是高级人才，越要看一些基本素质

选拔后浪，应该看重这一点

从张一鸣的用人，看内部创业的命门

如何吸引人才？
十年前，张一鸣总结了这十六字

国与国之间的竞争，是人才竞争；公司与公司之间的竞争，实际上也是人才竞争。如果一家公司能够把行业里的优秀人才都吸引过去，加上优秀的经营哲学，想不成功都难。

很多企业都向华为学经营，比如奋斗者为本，狼性文化。但是如果忽略了其中一点，是很难学成功的，那就是人才的密度。有些语言体系，在人才密度高的组织里说，是服务大家；在人才密度低的组织里说，是剥削大家。有些规则，在人才密度高的组织推行，是清晰简单；在人才密度低的组织推行，是云里雾里。

最近看任正非的历史讲话，1994年华为创业初期他访问美国时，就感慨美国的人才密度之高，大声疾呼教育救国，并自我肯定："我公司聚集优秀人才，提高人才浓度的政策是正确的，尽管它暂时增加了生产成本。"坚持提高人才浓度的政策二十六年之后的华为，能不成功是非常难的。

当年50岁的任正非痛心疾首地说："在高度发达的信息社会里，低文化素质就像一条链，拖住了整个经济的发展。"这不正是很多公司的写照吗？可能有很优秀的战略选择，但是因为人没有选对，就是说不通，理解不了，执行不下去。

你或许想说，你别废话了，我知道优秀人才重要，我想知道如何吸引优秀人才，我现在一没品牌，二没资金，你说咋办？我想说的是，人才也不傻，他们会计算投入产出比，值得去的地方，他才会去。你现在的思考路径，应该是为了达成吸引优秀人才的目标，来盘点人才需要什么，以及你有什么，并进行资源的最优化配置，想办法去达成目标。关注的重点不能只是苦恼于你没什么。

人才需要什么呢？

我们带入想一想，谁也不想做赔本的买卖，人才需要的肯定是高回报，这个谁都知道。但很多人不知道的是，现实比这个还难，不是肯撒钱就能招到人才，高回报不仅包含现金回报，还包含个人成长、精神生活等其他方面的回报，想要吸引到优秀人才，需要我们做很多很多。

注意，十年前，27岁的张一鸣创业初期总结的这十六字抛出来之前，我先说明，无论你是任正非还是张一鸣，这十六字执行起来都非常耗费创始人的脑力、体力和精力。如果你只是想学个一招制敌的神招，本书或许会让你失望。

2010年，张一鸣还在做九九房的时候，就极其关注人才质量，并对如何吸引人才做出了如下的结论：

"我总结（总结不表示我做好了，而是认识到要做好）吸引人才的四个要素：短期回报、长期回报、个人成长、精神生活。从左到右，从易到难，其中丰富不一般的人生体验和精神生活是最综合、要求最高的，要不断反思，不断追求。"

他的思维体系非常稳定，关于如何吸引人才，六年后，2016年他又阐述了一次：

人才机制主要包括三个要点。第一，回报，包含短期回报和长期回报；第二，成长，他在这个公司能得到成长；第三，他在这个公司精神生活很愉快，他干起事来觉得有趣。

经过多年的验证，字节跳动发展得越来越大而且越来越稳定，说明从目前看来，这个理论体系是站得住脚的，那么我们一起剖析一下张一鸣的这十六字的具体含义。

1.
短期回报

很多创业公司的创始人有这样一种倾向，那就是自我否定和懒：觉得自己永远触达不到牛人的水平，甚至在悲观情绪之下，懒得花精力了。当然，认知决定圈层，这也是事实。客观加主观的综合因素之下，事业还没开始呢，就破罐破摔，人才不加以严格的要求和审核，谁愿意来就谁来，最后来了一堆不合适（能力和愿景不匹配）的人，开的是略低于市场价的薪水，你说你的人能好好工作吗？人的思维方式不是关注我达不到那个标准，而是为什么我拿不到那个钱。最后互相怨恨，彼此耽误自己的人生。

话说回来，说不定人才去了别的地方，在能力和愿景匹配的情况下，真的比在你这里发展得好。不是人家不优秀，可能是你太懒了，既误了自己，又误了别人。

假如，我们克服一下懒惰的毛病，认真思考我们需要什么样的人，然后花精力去找和选。一个合适的人抵得上十个不合适的人，可以把之前开给两个不合适的人的薪水，给他一个人，让他获得略高于市场价的回报，人家心里也舒服。

可能不是真的缺个把人的工资的事，而是因为懒，导致钱没花在刀刃上。其实每家创业公司，仔细盘点盘点，在人力成本上都没少花，就是不会花。

我们来看看张一鸣在早期是如何挑选人才的：

"这周面了十几个人，终于确定一个实习生。最近一个多月可能面试了五十个人，总共只有两个非常有意向的人选，其中失败一个，一个还在谈。每当想放低要求的时候，我就提醒自己一定不能往低走，而要往高走，我们要做到出彩，而不是完成事情。尤其在早期，核心几个人的能力、素质、态度是最关键的。"

当然啦，既然人才选择精益求精了，薪水可能就会给到位。平心而论，你费了老鼻子劲找来的人，你也不敢仨瓜俩枣把人家打发了，你输不起。据公开信息，字节跳动至今在行业里的薪水竞争力都是非常领先的，这也成了人才往他们那里涌入的一个关键因素。虽然不好进，但是进入后薪水不错。

在字节跳动的人才观念里，成本不是问题，人才的产出才是问题。只要保持高的人才ROI，公司的竞争力就能保证。

2.
长期回报

在长期回报这个观点上，张一鸣的理念有所变化。早期的时候，他非常关注期权的发放。这可以理解，早期作为一家创业公司，他钱也不多。期权是吸引人才的关键手段。2010年，他说：

"今天完成期权发放准备，下周给第一批加入的优秀成员发放。开始制订发放计划时，我和其他董事有一些分歧：我强调希望以极低的行权价①发放期权，其他董事则强调会计评估问题。最终采用我的方案，因为我非常了解创业团队成员的心态。一个早期公司成员的心态和状态是最根本的，其他问题只是'技术问题'。"

知易行难，我一个非常要好的朋友，是给人做股权分配咨询的。他的理念是先有现在，才有未来。如果想激励大家投入干活，公司应该适当地分给大家股权。但是有一天我问他："创业五年了，你的股权是怎么分的？"他说："我还没分。"可以理解他还没想清楚事业的发展方向，还没有找到合适的人，毕竟**股权是一家公司最核心的资产**。但这也代表了很多创业者的心思——舍不得啊。

---

① 行权价也称为执行价、敲定价、履约价，是在期权买方行权时合约中规定的交易价格。

　　舍不得，那么事情就是你一个人的事，优秀人才一盘算，就不想来，来了也不想尽力。

　　随着字节跳动不断壮大，到了2016年，他们的团队规模应该到了6000人，早期的创业红利也消耗得差不多了。如果这个时候优秀人才因为时机不佳了，都选择去创业公司，那么字节跳动后续的竞争力就有限了，怎么办呢？在长期回报上，张一鸣做了如下调整：

　　"我想期权不是最关键，期权无非是有可能获得超额的回报，有可能实现财务自由。所以核心其实是有没有提供超额回报，有没有让他有机会上一个台阶的回报。所以我们认为重点要把激励放到提高年终奖的比例，所以我们跟公司内部说，希望非常突出的人有机会能够拿到一百个月的年终奖。这个时候我们要让他知道，任何时候加入今日头条，回报都能非常非常高的，并且平台资源非常好，这要比去创业公司有竞争力。"

　　给钱这件事，是创业公司老板的必修课。

3.
个人成长

在个人成长上，字节跳动最牛的地方，是基于高密度的优秀人才之上，推行了OKR。因为优秀人才除了要物质回报之外，他们的显著特征是要空间，要发展，他们明白人的一生很短暂，应该有所作为。

我听过过去四五年间离开外企加入创业公司的优秀人才，提到他们跳槽的原因时说：在外企的时候，我们只是老外的手，没有太多思考；加入创业公司，虽然有这样那样的问题，但是终于有了思考的权利。

OKR的核心价值：第一，让团队能够深层次思考"WHY"的层面——自己想清楚自己的目标是什么，想做到什么样的程度。年轻人要不断拓展自己的业务边界和能力边界，抖音CEO张楠的发展，就是很好的证明。第二，让团队尽可能地获取有价值的决策信息——是否能产生优质的决策，源自你的信息是否充分和优质。在字节跳动，他们通过OKR、办公工具飞书的运用，以及坦诚透明的企业文化，尽可能地让大家获取更多有价值的信息，来更大程度地促进自我的成长。

当员工能够自我成长了，对公司发展来说，就是一股取之不尽、用之不竭的发展红利。

2017年，在组织的管理问题上，张一鸣这样说：

"我们要充分Context，少量Control①：每个人有他需要扮演的角色，掌握所有的上下文信息，做出业务决策。在必要的时候，做出少量的干预。"

4.
精神生活

我对中医和西医都没有什么了解，所以既不是"中医黑"也不是"中医粉"。我在朋友圈里看到这样一句疑似来自中医理论的一句话："身体好，养心最重要。"人要跟让自己开心的人在一起，你每天开开心心的，身体都会好点。我非常认同，谁也不想每天过得愁肠百结。

对优秀人才来讲，什么会让他们开心呢？第一，基于卓越的贡

---

① Context指决策所需要的信息集合，包括原理是什么，市场环境如何，整个行业格局如何，优先级是什么，需要做到什么程度，以及业务数据和财务数据，等等。Control包括委员会、指令、分解和汇总、流程、审批等等。（来自张一鸣演讲）

献，有丰厚的回报；第二，有能产生卓越贡献的环境和空间；第三，一群志同道合的人；第四，有边界且有包容度的理想生活。第四点很重要，可以让人心情愉快地工作，而不是束手束脚。

精神生活，是十六字中前三条的总结及升华，是最难做的。我希望有机会能够听张一鸣系统地阐述他的经验和方法。最近看到微博上博主@北京塞冬的一条帖子，似乎可以验证张一鸣在这块做得不错，很多读者猜测，这说的是字节跳动。

虽然都是996，虽然都是压榨员工的劳动力，但在不同风格的公司，差别还是大。一位朋友去了业界收入最高档、年增速100%的现象级公司，长期996，讲究强执行，但他觉得比在之前的大厂爽。钱多是一方面，更多好处还有：

1. 老板和上层管理者眼光好，方法正确，下面不扯皮，不写PPT，不裁员，每天都在真正干活。

2. 公司年轻，层级扁平，不存在八个人开会、两个人做事的现象。

3. 还在高增长期，工作好坏与业绩好坏能比较合理地挂钩，努力做事的人有回报。

另一位朋友去的是一家增速更快的现象级公司，也是长期996，他每天都苦恼，但苦恼的点和之前在大厂时完全不同：

1. 业务增速太快，一个季度就能完成全年KPI，机器采购和部署速度、机房建设速度赶不上业务增速，头疼。

2. 流量压力太大，计算资源时刻徘徊在崩溃边缘，每天精神高度紧张，只能不断地降级压效果。

3. 对自己的价值感到迷茫——公司的增长好像跟自己没有半毛钱关系。

相反，在增长趋缓的地方，如巨头大厂，传统行业，内部竞争十分激烈。每个团队都在画饼讲故事，每个月都能产出漂亮结果，年底一看还是原地踏步。逐渐演化为中高层比拼讲故事能力，淘汰干不动的，招来更年轻的，用来高强度执行新年度新故事。按朋友的话，就像修金字塔，虽然血腥残酷，但只要领头的方向对了，持之以恒总能建成。最怕上层脑子不清楚或者屁股是歪的，形成讲故事文化，今年修金字塔，明年修长城，这公司就完了。

如何吸引到人才？张一鸣的十六字，你学会了吗？别跟我说学会了，要真是这么容易，成功就不会那么珍贵、那么稀缺了。知易行难，哪怕是一件事情的阶段性成功，都是系统化作业的结果，光以上四点，肯定是不够的。

越是高级人才，越要看一些基本素质

如果只注重内部的管理，却达不成外部的成果，那么管理再精细的组织，最终也会走向消亡。如何才能让内部的管理促进外部的成果的达成呢？ "目标"是其中重要的落脚点。我们唯有完成一个个目标，服务好客户和用户，才能实现我们的战略，最终达成我们的愿景。**目标管理是企业管理的核心。**

达成目标，人是关键因素，其中高级人才的素养又是关键中的关键。

张一鸣是一个以目标驱动的创始人，字节跳动是一家以目标管理著称的公司。

1.
高级人才看基本面

如今的字节跳动核心团队，大咖云集。但其实字节早期战功赫赫的核心团队，都不算所谓"大家"出身，尽管他们目标的完成度和挑战度都很好。

张楠来抖音之前，并没有什么大平台的光环。字节跳动的人力负责人华巍，之前的履历是在凤凰网做投资。张利东之前在《京华时报》，从一个传统媒体人，到成为以算法为核心竞争力的企业的董事长，这中间需要弥补的知识应该有一条银河那么多吧。

我们肯定不能说，是张一鸣改变了他们。人是无法被改变的，只能是被挖掘，被赋能。那么张一鸣早期选拔高级人才的时候，看重的是什么呢？他认为**越高级、影响越大的人才，越要注重一些基本素质：理性、逻辑、修养、企图心、自我控制力。**

张一鸣强调的这五个词，大家都听过，但不一定认真细想过。这一篇我们就来深度聊聊这五个让字节跳动搭建出早期优质核心团队的基本素质的内涵。

①理性

为什么高级人才需要理性？我们来看看理性的哲学定义：理性指

人精神世界内部清晰有序的精神现象。成年人为什么相对于幼儿更加理性？因为成年人更能清晰有序地为自己的目的负责。既然企业管理的核心是目标管理，那么达成目标就是企业的重中之重，必然的，高管们就必须理性，时刻记住企业的目标是什么，不能被情绪或者琐事带偏。

如果心智不成熟的人成了企业的高管，对企业来说就是灾难。比如《光荣与梦想》这本书里所说，希特勒有最强大的德国军团，有最牛的将军，但是因为他的"决策艺术性"，让他败于同盟国。当然这对全人类来说是好事。

我们再来看看感性的定义：生命现实之当下直接的存在方式。生而为人，感性当然很重要。如果一个人变得像机器人一样，也不是什么美事。对一个企业管理者而言，"理性务实于外，感性浪漫于内"是一种修养。

②**逻辑**

逻辑的反义词是什么呢？是逻辑混乱，没有逻辑，你跟他说东，他跟你说西。公司的高管们如果是这样的人，那真是太糟糕了。广义上的逻辑泛指规律，包括思维规律和客观规律。讲一个人有逻辑，是指这个人能够实事求是地看问题和解决问题，而不是一厢情愿，自我强化，自我感动，觉得我能搞定一切。如果企业的管理者能够务实一些，那就是团队之福。

　　那么，如何才能有逻辑呢？其中很重要的关键点是别卖弄。张一鸣在创业初期，曾经说过这么一段话：

　　"三年前和朋友聊天，问他对合作者、对人才看重什么，其他点我已经记不住了，唯记住：不装。我当时愣了一下，随后越发觉得有道理。经常要提醒自己，这也是延迟满足的一种锻炼。"

③修养

　　修养，不是每个人都有的。有的人一遇到反对意见，就容易激动，直至大喊大叫。有的公司都走到C轮、D轮了，大股东在公司里大打出手的都有。我曾经历过，公司的两个管理者吵起来了，互相谩骂，最后公司决定把其中一个人开掉——公司有一条规定，不许在公司公开场合谩骂中伤同事。我当时不是很明白这种规定的道理，现在想一想，管理者是员工的表率，如果管理者的这种行为不被惩罚，那公司的规定就形同虚设了。上行下效，这家公司就没法好好说话了。

　　修养是什么意思，即待人处事的正确态度。修养也是一种领导力，我们常常听一些年轻人评价自己的领导——他是一个有修养的人。言外之意，他是一个着眼于大局、着眼于长处、值得跟随的人。

④企图心

谋事不求易成，具备强烈的成功动机和韧性才能成功。

——张一鸣

　　公司定下同一个目标，但是公司上上下下，对于这个目标的理解和认识程度是不一样的。有的人想我就是来打个工，领个工资而已，你别对我要求太多；有的人知道目标达成之后，给自己的好处是大大的，所以愿意搭车，然后稍微出点力；有的人对于目标有不达目的不罢休的气势，这种人是最能为组织出力的。

"企图心"是一个人充分施展自己才能、发挥自我潜力的强烈的驱动力，以及追求成功的最大动力。字节跳动选人，不管是新人还是高级人才，强烈的动机是他们都非常看重的一个点。当尽可能多的公司员工都有强烈的成功意愿时，这家公司就像绿皮火车堆里的高铁，飞速向前，将同行远远甩开。

⑤**自我控制力**

很多人会开车，开车时速度太快，容易出事故；速度太慢，容易掉队。我们的一生，就是驾驭自己的一生。你驾驭你自己，是靠情绪主导，还是靠理性和逻辑主导？

在《思考，快与慢》这本书里，讲到了人的两套思考系统。快思考是祖先遗传给我们、刻在我们基因里的思考系统，比如在黑暗里会害怕，因为在丛林里的时候，黑暗意味着可能会有危险。但是现在我们已经进入了城市，丛林的危险不再那么突出了，但我们还是会下意识地害怕黑暗。慢思考会促使我们做理性的判断和执行，这就是自我控制力。

优秀的自我控制力，能帮助我们以目标为导向更好地去执行流程，实现目标。想要获得这个能力，需要我们反复进行自我修炼：遇到事情，如果已经着急上火了，别着急行动，先冷静下来，引导自己去思考目标是什么，该做什么样的判断和执行才能达成目标。长此以往，优秀的思考习惯就能建立。在研究了一些成功人士的目标达成方法论之后，我发现这是非常普遍的自我修炼的环节。

2.
德不配位的高层们

再给大家讲个故事。

某公司的二把手长期尸位素餐，具体表现是什么呢？自身毫无业绩可言，态度上还非常跋扈。比如开会的时候，他听别人发言不耐烦，轮到他自己讲，却长篇大论。用王兴的话说，"每次轮到他讲话，外面的树都能长高一丢丢"。下属汇报工作到他这里，他的反应要么是言之无物的建议，要么是肉包子打狗，从不主张推进和解决，导致下属们怨声载道。

说到这里，你可能会说，这不是二把手的问题，问题一定在一把手身上。的确，一把手创业多年，团队"换血"几次，只有这个二把手不离不弃，人心都是肉长的，一把手自然对这个二把手另眼相看。

不出业绩就不出业绩，他了解公司文化啊；

不出业绩就不出业绩，他对我忠诚啊；

不出业绩就不出业绩，他很安全啊；

不出业绩就不出业绩，他能起制衡作用啊；

不出业绩就不出业绩，我也不敢对他下手，我怕人家说我什么人都留不住。

总之，这个老大对于重用这个二把手，有很多理由。于是这个二把手长期屹立不倒。

一把手和二把手达成了默契，害苦了下面的团队。在市场红利期还好，好日子大家都会过。红利期过去后，问题就越来越明显了。二把手不解决问题，所有的问题都堆积给一把手决策，整个公司的决策变得非常低效，而且质量差。尽管一把手也许有意愿培养出更多敢于决策的人，但二把手尸位素餐，而且不允许别人比他强，下面的人也冒不出来。

优秀的人一眼就望见了这家公司的前景，纷纷主动要求被裁员以寻找明处。而没有议价能力的人，只能留在这里。

这个二把手也许并不是坏人，只是被放错了位置，以及没有得到相应的职业要求，最后看上去成了公司实现目标过程中的强大阻碍

（实际上阻碍是一把手本人的不忍、不敢和不舍）。

以上这个故事，几乎发生在每一家更注重老大感受，而不是更注重高层准入素质的公司。尽管可能表现形式上千差万别，但基本上都有一个共通点——德不配位，害死公司。

3.
公司的命脉都在头头身上

我在给企业做目标管理体系服务的时候，最难的部分并不是制定目标，而是目标的过程管理，直至达成。难在哪里呢？高层的基本素质不过关。

比如说一家公司制订了一个目标，为了达成目标，公司向员工输出了相应的价值观。价值观落地的时候，高层们表面高喊口号，行为不带头，反而要求下面的人要成为道德楷模，这就属于本末倒置了。目标实现了，高层们是最大的受益者，却不洁身自好，凭什么下面的小兵要遵守？领导好骗，群众难骗，他们一眼就知道公司的弱点所在了，从而好员工走了，剩下的员工就糊弄事，哪里还有什么目标达成，只有互相残杀，互相抱怨了。

不能理性地对待自己和身边的人，是很多中国企业主的软肋。 但如果这个毛病不加以改善，企业就没有未来。

没有一支优秀的核心团队，是不可能达成目标的。可人才哪里去找呢？需要靠创始人自己去勤奋寻找和辨别。但如果你自己都不是这样的人，你也很难辨别出这样的人才。所以答案还是在自己身上啊。

张一鸣所说的高级人才的五个基本素养，说起来容易，做起来太难了。所幸的是，只要有强烈的企图心，以目标为导向，愿意去学习和进化，未来谁说得准呢？正如德鲁克所说，卓有成效是可以习得的。

选拔后浪，应该看重这一点

普通人延续种族，非凡的人，将去创造历史。

每一代后浪的青春都有属于自己的激昂。最近我偶然哼起了幼时听的一首抗日歌曲《嫂子颂》，顿时很感慨，那一代人的青春是牺牲自己，从而赶走侵略者，建立新国家。当然不是每个人都有能力有机会去这么实践，大部分人只是在求生而已。但每一代人中，总有一批人，在脚踏实地为理想而战，正是他们的贡献与牺牲创造了历史。

我们这一代后浪的使命是什么呢？我们将如何共同建设我们所生活的这个时代，又将为后人留下什么呢？时间已经来到了创业、创新的时代，国与国之间的竞争也体现在国与国企业之间的竞争，大企业、优秀企业、有思想的企业，将会成为这个时代的烙印。

一家企业如果想保持长久的竞争力，那么起决定性作用的，是那些有理想主义精神且务实的后浪。缺乏优质后浪的公司，必将没有未来。

字节跳动是一家由后浪做起来的公司，创始人张一鸣26岁开始做CEO，到现在都不过才38岁。这是一家非常相信后浪的公司。张一鸣曾说："要大胆雇佣年轻人。Facebook、PayPal[①]、Dropbox[②]在雇佣上都非常激进。Facebook的新闻发言人大三在读，PayPal CFO从哈佛毕业就任，Dropbox大半是MIT应届生。优秀的年轻人也许犯错，但不会平庸，更划算的是会进步。"

年轻是资本，年轻也可能会成为阻力。谁都年轻过，年轻有着必然的缺点，古今中外，概莫能外。比如经验不足，没有经历过社会的毒打，觉得自己是独一无二的，从而承受力不足；比如欲望和热情过于旺盛，对获得成功过于急切。缺点必然会带来困境，面对困境，同样的年轻人有不一样的处理办法，这种不一样，就是字节跳动所看重的点，即你是踏踏实实地不断学习去渡过难关，自我成长，还是去走捷径？

在字节跳动的人才审美体系里，"不走捷径，不讨巧"是其看重的年轻人的品质。

年轻人应该推崇自信、诚实、努力，相信成功可通过学习和努力

---

① PayPal是一个总部在美国加利福尼亚州圣荷塞市的在线支付服务商。

② Dropbox是一个在线存储服务商。

获得，别太讨巧，走捷径。事实上面试未通过大多不是因为技能不行，而是人品和性格不行。

我们先来看看职场里的年轻人，走捷径的行为主要有哪些?

第一，讨好某位领导，获取资源。

如果你专注于讨好某位领导来获取成长的机会，靠拉关系来获取资源，那么这个领导的天花板，就是你未来成长的天花板。这样短期可能会给你的人生带来些许红利，长期却是对成长极大的阻碍。难怪张一鸣说:

"我特别不喜欢那种摆出一副我创业我有资源有关系的样子的人。资源、关系往往会对选择判断起负向作用。"

这样的成长，是没有断奶的成长，先天不足。

道理都是相通的，不仅靠资源靠关系起来的后浪，可以浪的时间不会很长，仅仅只是靠资源起来的公司，也不会浪很长时间。因为各种原因，一旦这个资源的保质期过了之后，很快就会一夜回到解放前。

第二，不思考，路径依赖。

遇到问题，不去细化问题和真正彻底地解决问题，而是用一些讨巧的手段去假装解决了问题，或者说掩盖问题——这种骗，甚至是连自己都能骗，让大家和自己在短时间内，都以为问题已经解决了，给你赞美，给你升职。殊不知，纸是包不住火的。没有夯实就是没有夯实，问题没有解决就是没有解决，而且通过时间的发酵，问题将会成倍地产生破坏作用。

如果不自我感动，能够扪心自问和复盘的话，其实最后的恶果怨不得别人，是当时走了捷径，犯了不思考的懒惰症。怎么办呢？参考张一鸣的方法论：

讨巧地思考解决方案即使算不上是个坏习惯，也起码是一个需要克制的习惯。我觉得是回到基本面，紧贴问题根源和最终目标去思考，才能找到更优的解决方案。

第三，打肿脸充胖子。

我们希望自己看上去很完美，很好，能够获得更多的资源，但又不希望太辛苦，就导致各种奇怪的行为的产生。比如经常发生的"表演加班"的行为，演给领导看，我加班，我让自己看上去很吃苦耐劳，结果浪费了时间，蹉跎了岁月。还有夸大过往经历的行为，其实可能就是参与过一个项目的打杂，到了他嘴里，就变成了整个项目都是他带着千军万马做的了。别人又不傻，随便一打听，不就知道真相了？这就属于用实力为自己挖坑。

真是如张一鸣所言："有精力卖弄，没精力学习；有心思空想，没心思思考；有时间扯淡，没时间折腾。"

第四，自我感觉良好。

人生嘛，舒心最重要。先不管别人对我满不满意，反正我自己满意了；先不管真实世界是什么样子的，反正我自己是这么认为的——难怪鲁迅的作品能流传这么久，"精神胜利法"在当代的职场里也随处可见。但是这个世界不管你怎么样，它有它自己的规律，有不可挑战的常识。

以上四种讨巧的表现，实际上病因都是一个，那就是不从价值创造入手，都从歪门邪道入手。后浪和后浪之间是有差异的，所以张一鸣说："有人毕业就可以独当一面，两年可以成为事业部总经理，而有的人毕业十年还要想办法靠跳槽溢价。区别其实很早就开始体现了。"

如果企业吸引和选拔的后浪，都崇尚价值创造，都是有承受力和学习力的，而不去走捷径，那么企业的未来还有什么可担心的呢？

平庸的企业是相似的，优秀的企业也是相似的。就我所研究的资料，已经稳健发展了三十四年之久，正在代表中国企业和美国企业竞争的华为，跟字节跳动在某些基因上有些类似。在吸引、选拔、培养后浪这件事情上，任正非不仅带头，而且不遗余力。查阅任正非1994年的《致新员工书》和1999年的《答新员工问》，可以总结华为在选拔和要求后浪上，也尤为看中不走捷径、脚踏实地的品质。

对当年的后浪，任正非语重心长地提出了几点要求，总结如下：

第一，有责任心，善于合作。

华为认为公司的管理是一个矩阵系统，运作起来是一个求助网。所以要求后浪们，要成为这个大系统中的一个个开放的子系统，能够积极、有效地既求助于他人，同时又给予他人支援。任正非认为求助是参与群体奋斗的最好形式。

基于这点认知，任正非认为，没有责任心的、不善于合作的、不能集体奋斗的后浪，你不如在试用期，就重新决定你的选择。

目前的字节跳动，也可以看作是一个系统，在这个规模将近10万人的公司体系里，信息在高速运转，如果你被选入，你可以利用的，首先就是这些由同事生产的信息，然后去发挥自己的创造力，从而去赋能系统。

第二，要有承受能力。

任正非说："没有一定的承受能力，今后如何能做大梁？其实一个人的命运，就掌握在自己手上。生活的评价，是会有误差的，但绝不至于黑白颠倒，差之千里。"要深信，太阳总会升起，哪怕暂时还在地平线下。对一个新员工来说，要融入华为文化需要一个艰苦过程。据我所知，字节跳动的新人融入也很难，淘汰率也很高。

任总说："人生的道路是很艰难的，你今天很辉煌，明天并不一定很辉煌；你今天虽然满是伤痕，未必明天也不行……慢的人未必永远会慢，进步快的人更要努力改造自己，否则跟斗会栽得很厉害。太顺利了，反而是人生一大敌人。"

这真是良言。

第三，踏踏实实。

任总说，世上有许多"欲速则不达"的案例。1994年，他希望当时的后浪们，能够丢掉速成的幻想，别想着走捷径，要踏踏实实，干一行，爱一行，因为机遇偏爱踏踏实实的工作者。

第四，用好自己的时间。

任总建议，后浪们的业余时间可安排一些休闲，但还是要有计划地读些书，不要搞不正当的娱乐活动，比如打麻将。老任和小张（张一鸣）的价值观很像。小张曾说："别人'腐败'的时候我们在努力，别人消磨时光的时候我们在学习，那么延迟的满足一定会厚积薄发地来到。"

第五，要治好自己的幼稚病。

1999年的华为正在蓬勃发展，而且已经在做全球化的布局。当年的后浪问任正非："与外国竞争对手相比，华为最大的优势与劣势在哪里？"任总答："华为最大的优势和劣势都是年轻，因为年轻，充满生命活力；因为年轻，幼稚病多，缺乏职业化管理。"

真性情的任总说："华为公司目前发展上还存在非常多的问题，特别是管理方面的问题。最严重的就是你们很年轻、很幼稚，把幼稚病带到我们的工作中去。我们刚扫除了一批幼稚病，又来了一批幼稚病。你们青年人要加强自我改造，我们的国家、我们的公司才有希望。"

话糙理不糙，这段话让我想到了如今9岁的字节跳动，也是风华正茂，也是年轻有冲劲，也在挑战国际化这一难题，前途漫漫，困难重重。可以想象，字节也会有很多幼稚的地方，也会有一些年轻人忍不住走捷径从而被现实毒打，好在虽然道路是曲折的，但前途是光明的。

从张一鸣的用人，看内部创业的命门

巨头字节跳动也是一家创业公司，尽管家大业大，但此时的内部创业压力也不小。字节跳动未来的一个战略方向飞书，团队规模不小，开支也很大。

主业头条、抖音是公司的现金流，向大后方输血的同时，还要和一众武艺高强的对手——比如特别擅长打围剿战的腾讯——竞争，既要防御，又要进攻。

一旦主战场失利，创新业务也将受挫。

战略既定，此时张一鸣最能做的是什么？

人才。

人对了，事才能对。

怎样才能做好"内部创业"这件事？张一鸣在很早之前就有

思考，他的结论是**创业先拼脑力，次拼体力，再拼耐力，最后拼定力。**

一个人脑子灵不灵活，能不能吃苦耐劳，这很关键。如果公司引入大量这样的人，那么公司就能打仗，就会有活力。但要想长期成功，取得战略成功，后面二力非常重要：耐力和定力。

为什么这么说？举个张一鸣内部创业排兵布阵的例子。

1.
字节新业务的人才布局

教育这个赛道，跟其他所有创业的赛道一样，要做成做大，都很难。

第一难：这里高手特别多，是高智商对决。

第二难：这个行业是个苦活，涉及线下团队的建设。

第三难：教育业务和字节之前所擅长的内容领域，性质不太一样。

那么，配套这个业务的企业文化和组织架构，将和字节跳动之前的会有很大的区别。对字节跳动来说，这场战略转型，需要的不仅仅是创新，还需要变革。

平地起高楼难，脱离重力逃逸更难。

第四难：相对来说，教育是慢行业，不容易快速见奇效，对于已经成功惯了的字节跳动团队，忍受撕裂，忍受长期的不成功，是个巨大的挑战。

变革的背后，就有伤痛，就需要延迟满足，就需要顶住阶段性的不成功，压力和质疑。

那么，这件事谁来挑头？

张一鸣选择的是陈林。

陈林是字节的第十二号员工。字节创业第二个月，就把创业者陈林的团队收购了。陈林入组后，担任今日头条的产品经理，六年后，担任今日头条的CEO。后来公司大量内部孵化的项目，都曾经在他的领衔之下。

基于以上信息，我们可以给陈林这名大将画一个像：

第一，成功，陈林经历过；

第二，经历过失败，甚至失败之于陈林，司空见惯。优秀的人为什么往往不成功，因为他们不能接受自己失败。而陈林，失败对他的锤炼应该不少了。

第三，抗压能力强，据说，陈林在公司内部的口碑褒贬不一。大家主要对他的产品能力存疑，战略把控能力存疑。随着他接手字节教育，对他的质疑又多了一条：路径依赖，打法过于宏大。

未知没来之前，谁也不知道真相是什么。但我们都知道的是：在**各种质疑和挫败之下，对于战略的定力，以及能够不被外界所打扰，按照有效节奏进行价值输出，是优秀变革者的基本功。**

我们再来看，向陈林汇报的几个教育业务的关键人物。

前段时间，褒贬不一，以贬为主的字节教育产品大力神灯：

操刀人阳陆育，Musical.ly的创始人之一。

阳陆育和字节跳动的关系，源自2017年11月的收购关系，当时Facebook也参与了竞购，但扎克伯格开的是现金，而张一鸣给股票。阳陆育选择了字节跳动的股票。

张一鸣不仅收获了公司，还收获了人才。

Musical.ly的另一位创始人朱骏，也和张一鸣并肩战斗在全球化的战略上。

手握字节跳动股票的阳陆育，也许初尝教育赛道。但他知道创业是怎样一回事，相对新手来说，他也知道这个选择做下来之后的含义。

真正了解一个选择背后的含义，而非头脑发热，是耐心和定力的来源。

战略驱动为软硬件相结合的字节教育，还在酝酿另一款硬件产品——教育平板。

这个项目由字节收购的另一个团队锤子科技的坚果团队来负责，负责人是原锤子科技 COO 吴德周，他下面大将有赵薇，曾任 360 儿童业务总裁。

无论是来自锤子科技的，还是360硬件团队的，可以推断这是一批经过一定验证的优秀创业人才，但因为各种原因没有大成，都憋着一股劲，需要的是好的东风和文化。

一旦条件允许，这些人才势必"拿下上甘岭"。

他们所经历的，是一些没有经历过"极度渴望而后失落"的年轻人无法感受到的。

时间对于他们是最宝贵的资产，除了经验与脑袋，他们最核心的竞争力，是对于困难的耐受力，和对于方向的定力。

教育这个战略方向，是张一鸣的使命。

过程一定苦，一定曲折，这是客观规律。

他本人的战略定力和耐力，是以上所有大将的精神和动力基础。

2.
缺乏耐力、定力的反面教材

举个例子，某公司主业营收相当好，但用户增长减速了，公司急需创新。渴望创新的年轻人在公司的鼓励下，各处开花。

一开始看上去一片繁荣，大家的加班热情很高，创新的点子很多，数据嗖嗖涨。可是后劲不足，到了第二年就死了一大批，到最后几乎全军覆没。

为什么会出现这样的情况？没有战略定力支撑的内部创业，极容易昙花一现。年轻人一开始嗅觉敏感，脑瓜灵活，愿意加班，脑力和体力都不错。但要把事情做成，光靠这些是不够的。

按照创业的自然规律，一个新产品出现后，后续将会遇到团队协作的问题，产品价值深度思考和呈现的问题，用户需求深挖的问题。其实最佳的状态是，这些问题应该前置思考。

但这些由兴趣和及时激励驱动的年轻人，因为经历和阅历太少，对于困难的预判不够，想不到那么远和深，那么之后所有的问题，都是意料之外，就会产生伤痛。当他们面对耐力和定力的考验时，极大概率就会承受不起，极大概率就会昙花一现。

失败了，怪敢于试错的年轻人吗？高层哪里去了？老板哪里去了？老板和高层对于公司最大的价值之一，就是战略定力，以及与之配套的组织能力。自己没有思考清楚，成功了是运气，不可复制，越做越差才是必然的。很多公司都是这么死的。

这些年轻人的创新就没有价值吗？公司大了以后，是需要这些创新的，这些成功和不成功的测试，既练了兵，也将会变成记忆，深植在团队基因里。之后大家会自然而然地知道，在这个群体里应该如何去做事，如何才能有效。

如果这些行动没有得到好的引领和迭代，留在组织基因里的，就是坏的记忆，将会顽固地阻挠团队的创新与成长，这样公司就变成一个没有耐心和定力，而有失败惯性的组织。

如果这些行为有好的价值观和文化的引导，那么好的文化就会落地到组织基因里——既有行动力，也对战略有习惯性深度思考，形成更有耐力和定力的组织性格，帮助企业跨越未来的不确定性。

所以，内部创业的命门在哪里？合适的人才。

什么样的人才呢？用张一鸣的答案就很好：除了拥有脑力、体力，还拥有耐力和定力的人才。他们将会塑造优秀的内部创业文化，务实敢为，将企业带入良性的发展通道中。

3.

团队氛围的打造

不仅是高薪——激活人才的薪酬策略

想要团队产出好的成果，首先是吸引到优秀的人才。

优秀的人才并不是拿来就能用的，你需要有很好的目标管理体系，激励不同层次的人才去挑战不可能。**优秀的企业组织是人才的磨刀石，能够让人成为更好的人，实现自我价值。**

做不到这些，给你陆奇，你也用不好。

价值实现包含两层意思：

一层是精神的满足。即一个人在业务的探索过程中，自我的底层系统变得越来越扎实，能够挑战更多的不可能。如果企业里存在大量这样的人，那么企业的未来必定更为乐观。

一层是物质的激励。如果你想激活团队，有一个很直观的工具——薪酬，所谓重赏之下必有勇夫。但很多公司的薪酬制度，不仅没有起到激活团队的作用，反而严重阻碍了公司的目标达成。比如以下三种情况：

1. 薪酬倒挂。

经典的情况是，老员工的薪酬常年涨幅不大，新员工在能力没有被验证的情况下，以高薪加入。薪酬保密制度一般是形同虚设的，如果能力能被验证出来还好，一旦验证不出来，对于军心的损伤极大。

2. 员工成长了，薪酬没涨。

很多有干劲的员工，他的市场价值已经越来越高了，但是公司的薪酬调整响应得很慢，等到这个员工接到了外面的邀请，提出了离职，你再去沟通，其实沟通成本已经很高了。

3. 能力没长，薪酬涨了。

有些员工因为资历比较老，在公司的人际关系很好，特别是跟老大的关系很好。以至于老大很难用理性的眼光去看待他，从而定出和产出不相符的薪酬。这也会非常伤其他同事的心，以致影响团队的执行力。

那么有没有好的薪酬制度呢？在字节跳动的目标管理体系中，关于如何做激励体系，张一鸣在源码资本有一次系统的输出。从阅读量来看，张一鸣的这篇分享的价值被低估了，创业者都应该看看。

1.
你永远有理由加入我们

张一鸣是一个非常愿意在招人上下功夫的CEO，2016年，他发了一条朋友圈：

从2015年初到年底，今日头条员工从300多一下增长到1300多，肯定不都是我亲自招来的，但还是有不少是我亲自沟通的。如今我夜归大多也是去见候选人，有时候甚至从下午聊到凌晨。我相信并不是每个CEO都是好的HR，但我自己在努力做一个认真诚恳的HR，披星戴月，穿过雾霾去面试候选人。

他当时在招人上遇到了一个难题，就是优秀的人才觉得已经错过了加入头条的最好时机。确实如此，到了公司发展后期就给不出高比例的期权了。这让张一鸣很头痛，他说："如果好的人才都不加入大公司，而去选择创业公司，那大公司后续的竞争力就有限了。"

怎么办？

透过现象看本质，大家希望有高期权，无非就是要获得高的回报，从而有财务自由的机会。所以他把解决这个问题的关键放在有没有提供超额回报的机会，具体的落脚点是年终奖的比例。比如有突出贡献的人，可以拿到一百个月的年终奖。如果这个人的月薪是6万，该年他表现得特别突出，那么当年他的年终奖就是600万。

张一鸣说，通过这样的设置，能让人才知道，"任何时候加入今日头条，回报都能非常非常高的，并且平台资源非常好，这要比去创业公司有竞争力"。

2.
不用担心历史，我们按价值定价

很多人在面试的时候，都需要准备一个东西，就是薪资证明。下一家公司有可能按照之前的薪资来给你做调整。如果你过去的薪资相对低，那么对你的新变化是不利的。

优秀人才的价值因历史原因被看低，怎么解决这个问题呢？

字节的做法是：按照岗位级别定月薪，岗位级别代表员工在这个专业领域的稳定产出。不让业务主管定薪酬，业务主管只定岗位，而且岗位级别的评定不参考历史薪酬。

"HR会根据岗位级别，综合当前这个阶段的供求关系、竞争激烈程度来给出offer。"

3.
把年度报告当作重新面试

在《奈飞文化手册》这本书里，有这样一个观点：不要让员工在不得不离开时，才获得应得的薪酬。奈飞甚至鼓励员工出去面试，以此来让员工验证他现在所拿的薪酬是否有竞争力。

及时地给优秀的员工调整薪酬，是优秀公司的基本素质。张一鸣是《奈飞文化手册》的读者。

如果你觉得员工优秀是应该的，你已经给他机会成长了，从而懒于去考虑涨薪酬的事，最后的结果一定会让你受不了。

关系处久了，总觉得一切都是应该的，但其实裂痕正在逐渐发生。怎么办？

字节跳动把年度报告当成一次重新面试——如果这个人重新加入，你会给他开一个什么样的offer？如果这个人已经快速成长了，待遇就应该完全不一样了。如果一个人的表现欠佳，你是否还愿意给他发offer？那就要考虑降级还是辞退。

4.

超出市场预期的薪酬是为了超出市场的回报

很多公司把薪酬当作成本，降低成本是头等大事。但是大公司的策略是，招聘就是要找到最佳人选，给他们支付最高的薪酬。《奈飞文化手册》说，他们（得到了高薪酬的最佳人选们）为业务增长带来的价值总是会大大超过他们的薪酬。

张一鸣在人才薪酬设定上，提出了ROI的概念。他认为，**薪酬不是成本而是投资，你把钱投到优质的标的上，期望的是优质的回报**。只要有好的ROI，薪酬越多，说明回报越好。

张一鸣说："我们主动要求HR部门至少每年要对市场薪酬做一次定位，保持我们的薪酬在业内领先。当然如果人力成本很高，反过来也要求公司必须能把这些人配置好、发挥好，这正是一种进取的姿态。"

最后，要强调的是：薪酬体系是一家公司的底牌，也是最能体现公司文化、落地企业文化的抓手，但是培养人才、激活人才，不能只看薪酬。如果一家企业吸引人才的理由，只有高薪和超高年终奖，因利聚，利尽则散，企业的未来长不了。

所以张一鸣说："我总结（总结不表示我做好了，而是认识到要做好）吸引人才的四个要素：短期回报、长期回报、个人成长、精神生活。从左到右，从易到难，其中丰富不一般的人生体验和精神生活是最综合、要求最高的，要不断反思，不断追求。"

和给到物质回报相比，助力人才的个人成长，提供修炼其底层系统的机会，以及丰富其精神生活，才是最难做到的。

难归难，一家真正关心人才成长、把人当人的企业，才会吸引到真正有长期视角，而非只单纯逐利的人才加入，你的组织才能更有向心力，企业才能更有价值。

张一鸣的这招，是减少组织内耗的关键

组织内耗问题的根源是很多东西是模糊的。

在该明确的地方，团队不知道该做什么，不知道该听谁的，不知道按照什么样的标准去做事才会获得组织的认可。

既然都模糊不清，那么组织内部的"小山头""小意见领袖"就冒出来了，各种亚文化相互撕扯，把整个公司的效率弄得极低，负能量满满。

面对这样的情况，很多老板应对的办法是充当救火队、裁判员。可是点火的人太多了，最终你焦头烂额。清官难断家务事，职场充满了罗生门，裁判员非常不好当。有的CEO甚至因此差点得抑郁症。

在点上解决问题，你就容易被问题带着走。我们回到问题的根源，本质问题不出在这些"小山头""亚文化"上，而是公司从没有精确（准确且不断精进）地传达过公司的价值观、行为方式和赏罚标准。

山中无老虎，那就一堆“猴子”当大王。

本篇我推荐张一鸣的这招，就是“精确”。

精确，是所有CEO和管理者的必修课。只有当你能做到精确了，公司的思想和文化才能自上而下地去贯彻，公司里才不会有那么多含糊其词的地方。

如何做到精确？我经过对创业公司的观察和服务，以及对张一鸣的方法论的归纳和总结，推荐以下两步。

1.
要求精确

首先，对自己的要求要精确，忌贪心，忌恐惧。

因为正如张一鸣所说：“你每给别人一个不坚决的回复，就给人带来一个期望，给你带来一份烦心，没想好最好自己一边凉快去 。”

通常而言，老板在公司背负的最大的KPI是战略，无论你用独断专行还是民主集中的办法，请给公司交付清晰而准确的战略。

如果你作为公司的大脑袋，这也想做那也想做，而又没有能力去做好平衡，必然导致最后什么都做不成，团队形不成聚力。

我在做高管辅导的时候，常常会问这样一个问题：你会因为什么离开这家公司？

通常答案是：**如果战略不清晰，就会想要离开。**

其次，对团队的要求要精确，不能只停留在画大饼。

号召团队全力以赴的方式，如果只是简简单单地画大饼，这叫浮于表面，你根本不是真的懂，那么你就好糊弄。**人性就是这样，既然懒惰加表演就能拿到回报，为什么还要那么辛苦呢？**

张一鸣推荐的做法是：请先了解问题并细化问题。

这样你才能拿到足够的信息，去跟团队对话，去做精确要求。

再次，注重书面汇报。

因为语言的泡沫太大了。

张一鸣的管理心得是："留语音消息会说更多"嗯，这个，那个"，因为和打字相比不能修改，且更随意。读书使人充实，讨论使人聪明，写作使人严谨。"

英特尔前CEO安迪·格鲁夫也推崇，在工作上多要求下属提供书面信息。因为一旦落到纸面上，提案人必须对自己的问题或方案进行严格审查。

文字可以显示一个人的自律，远胜于它在传递信息上的作用。

最后，要一码归一码，不要一股脑。

我们永远无法回避开会，那么我们至少可以做到让会议高效。

如何高效？少扯皮，少驴唇不对马嘴，把界限搞清楚，一件事一件事说清楚。

张一鸣说："清晰，白天开会时想到这个词。清晰的一个简单要求是一码归一码，反义词是一团糨糊、一股脑。"

2.
精确传达

含糊背后的动机是什么？可能是侥幸心理：不想得罪这个，又想安抚那个，是为了寻求未延迟的满足感。

这种做法往往带不来我们想要的，只会让我们和我们的公司更加平庸。为什么会平庸，因为我们选择了含糊，就把优秀给牺牲掉了。

张一鸣说："对组织而言，需要把优秀的标准清晰无误地传递且不断精进。含糊和混淆其实是牺牲。"

字节跳动的价值观"字节范"，被认为是张一鸣精确要求之下的作品。一位字节的员工当着我的面把那六个词背了出来，他说这是他所经历过的公司中，他唯一能背下来的价值观。为什么？

第一，简单且清晰，并且是可以被执行的动作；

第二，高层一直在精确地传达并践行这套价值观，这套价值观是张一鸣本人的放大，或者说是高层团队行为方式的放大。

既然精确传达才能减少牺牲，那么如何才能做到精确传达呢？舵舟总结出了张一鸣的五个做法：

第一，避免含糊的词语。

含糊的词语，影响效率和沟通。

张一鸣说："我一直就觉得类似以下含糊的说法在工作中应避免：'应该差不多吧''过两三天大概就可以了''估计再要一点时间就接近好了''这个东西也还行吧''最好能××吧''差不多也都行''我过一段弄一下''这样也还是可以的'。"

第二，抓住关键词。

在沟通中，我们有时作为信息的接收者，会被传达者的一些笼统的、含糊的词搞得云里雾里。这个时候你该怎么做？

张一鸣建议的做法是：**抓住关键词，然后还给对方。**

张一鸣说："沟通中没听明白的话，常因为这些话用了'这个''那样'等代词，或笼统的名词，含糊的形容词、副词、量词，替换掉往往'本身还模糊或有分歧的内容'。虽然句子是完整了，但是意思不清楚。然而如果替换的部分是清楚的，就不会听不明白。你要做的就是抓住这个词，还给他们。"

第三，**说话减少铺垫。**

做铺垫，源自惧怕，怕自己表达不清楚，怕别人理解不清楚。最后却把大家绕晕了。

张一鸣建议：**在公司说话要减少铺垫。**

第四，**别添油加醋。**

这句很好理解了，如果添油加醋了，信息就面目全非了。

张一鸣说："君子之交淡若水，感觉有点片面；但是君子之交，不添油加醋，感觉是应该的。"

第五，**慎用联想式表达。**

比如类比，什么叫作类比？简单来说，就是拿两个相似的事物做比较，来让听众更容易理解。

张一鸣反思："类比的好处是好理解，缺点是不准确。偷懒的做法，使用并局限在类比；认真的习惯是仅少量使用，做冷启动。"

慎用类比，可见张一鸣对于精确表达以减少干扰的要求达到了极致的程度。

沟通的四个基本动作，以及优先级排序

1.
窘境

管理者想要目标达成，"有效沟通"是自我管理能力中很重要的一环。

在说张一鸣提出的四个基本沟通动作，以及优先级排序之前，先说两个与之相关的"创业窘境"，随后本篇会运用张一鸣所提到的沟通的四个基本动作，来拆解应对这两个窘境。

第一个常见的窘境：

有个创始人最近很头疼，因为他至关重要的合伙人闹着要离职。

原因是什么呢？创始人认为合伙人的时间投入，并没有完全放在他现在这个身份应该去做的事情上，创始人希望他做符合他身份的事情。而合伙人觉得自己应该做自己喜欢，且对公司有价值的事情。这两者之间的差异长期存在，并经常让两位当事人不舒服，随着日积月累，最终爆发。

这种难以达成共识的情况，在每一家创业公司都在上演，只是表现形式不一样。

第二个常见的窘境：

某公司决定做一个很有前景的项目，任命了一个雄心勃勃的新人（或空降兵）来做。但自负又自信的新人不愿意跟公司沟通，只是埋头做，最后等"揭开盖子"的时候，才发现根本不能如公司的预期目标。

公司训斥这个负责人：为什么会是这样的结果？

该负责人也受到了极大的打击——投入了全部的精力，最后居然是这样的。毕竟很少有人真的是来搞破坏的，大部分人还是希望不负光阴，能有所作为。他承认自己应该负全责，他的自信心也被打击得再也树立不起来了，离开就是必然的了。

这场合作既伤了感情，又伤了时间、金钱和机会。

2.
解决方案

所有的事情都没有唯一的真相，谁也不是问题的唯一原因。

那么，总得有个人来背锅，到底是什么造成了以上的窘境呢？找出责任人最有效的一个法则——谁最想改变以上问题，谁就是问题的造成者。因为我们也改变不了谁，改变自己总归容易点。

在以上两个场景中，我们认为问题不在合伙人，也不在于雄心勃勃的新人，而在于老板自身。因为这样归因，才能从根本上解决问题。

老板们非常常见的一个问题，就是表达欲过于旺盛，以至于让公司因为沟通问题，使得很多治理、经营和组织问题陷入焦灼和低效。

经营公司是这样的，你少犯一点错，日积月累，你就领先一步。创始人在解决具体问题的时候，过于强烈的表达欲，起到的是反效果：这里犯一点错，那里犯一点错，最后千里之堤，毁于蚁穴。

在这里要补充一点，创始人表达欲过于旺盛，并不总是问题，甚至这是强烈使命感的表现。正如张一鸣所说：为什么（管理者）要适时发言，（是为了）能影响我们能影响的人，让你认为更好的meme（文化、价值观基因）传播。

创业本质上是一个"既要"和"也要"的游戏，你既要有出色的说服力，以及要在说服上投入精力，同时，也要控制自己的表达欲。

如果过强的表达欲在某些场景下（尤其是解决具体问题的时候）产生破坏作用，而且创始人希望有所改变时，过强的表达欲就是问题了。

针对"管理者如何高效沟通"这个问题，张一鸣早就有了很好的解决方案，原话如下：

"想了一下沟通几个主要基本动作：问、听、想、说。几个动作分解要求排好优先级，这样效果才能好。感觉一个基本要求是，控制说和其他三个的比例。"

拆解一下，这段话的具体含义有以下两条：

（1）沟通时的表达，顺序应该为：一问，二听，三想，四说；

（2）强调要控制说的比例。

3.
方案运用

说完了问题以及解决方案，我们来分析文章开头的两个窘境的本质问题是什么，以及如何用解决方案来解决它们。

第一个窘境解析：

合伙人想做自己想做的事，老板希望他做老板希望他做的事。

如果人是错的，不匹配，已经多次磨合和挽救都不成功，在公司造成了极不好的影响，那就应该放人走。

但事实上不是这样的，这种服从于公司的大梦想（而非服从创始人本人的征服欲）的牛人，通常来说是公司很重要的人才，他的梦想成立，属于公司可接受的范畴，同时对于公司的意义重大。

在这场角力当中，有很大一部分原因，是创始人的征服欲在作祟——希望合伙人听自己的。以至于他忽视了最应该去解决的问题：这个合伙人到底应该承担什么样的角色？老板的这种强烈的表达欲，不在于说得很多，而在于兼容性不强，导致牛人觉得很难受。

我们都必须接受一个现实，没有想做老二的牛人，人人都想做船长。创始人最佳的位置，是给这些船长做服务员——他们都成功了，自己也就成功了。

对于这类问题，如果两人都不改变，双输。而唯一可能改变的，只有创始人自己，你不改变，牛人你就留不住。所以：

问问牛人的想法，他到底想做什么？

听听他的梦想能够在公司战略框架内的哪些领域起到作用？

想想之前自己的理解是不是不够充分，判断是否有误，对方还有哪些信息是你可以补充的，你可以给他提供什么，未来最好的合作方式是什么？

最后说说你的看法，你准备怎么帮他？

正如张一鸣所说，这几个动作要分解好，并排好优先级。显而易见，大多数情况下，我们常常犯的错，就是说得太多了，以至于获取的新信息不够充分。甚至根本听不进去别人的话，还在用自己脑子里的那些老信息来支撑决策。

走老路，怎么可能到得了新地方？

我们在管理中常常会犯一个错误，那就是想强势改造别人，这个是圣人都很难短期内做到的。顺势而为、润物无声才是可取之道。

第二个窘境解析：

雄心勃勃的新人（或空降兵），毫无成绩积累，一心想在新的领域证明自己。

这样的新人都有一个极大的问题，越是没有成绩，越想证明自己，就越是内心虚弱，表现就会越封闭。如果这个时候，因为错误导致受到老板源源不断的责骂，他们会更加封闭，甚至章法全乱，以致表现远低于正常水平。

尽管老板不断跟他强调应该如何做，老板自己是怎么想的，细节如何操作，恨不得亲手教他做。但在这种自我封闭的情况下，他将接收不到公司的最新的信息，也接收不到公司的文化熏陶。闭门造车也存在成功的可能性，但通常都是以失败而告终。

　　你说这个人心理承受力差，和项目不匹配，我再换一个不就行了？这也是个办法，万一你也能找到个耐受力强的王坚博士呢？可天降神兵挺难的，而且王坚博士也需要一个懂他的马云能够力排众议，拿出真金白银来支持他。

　　我们还是得寄希望于改变自己，能更好地和人才合作。

　　如何改变自我呢？来看看张一鸣解决方案的适配性。

　　要想获取一个人的信任，最佳的办法就是去倾听他。我知道这个很难，前面说了嘛，创始人很多都有点表达欲过于旺盛，认为自己是对的。可能我们确实是对的，但如果我们不去倾听，我们就很难真正让对方喜欢上我们，那么我们就算有再优秀的理念，也无法真正传递给他了。

　　基于你对人才能力的基本判断，你要授予一个新人职责，首先最重要的就是问问他的想法。你说再多也不是你自己做啊。听了他的想法，你才能了解你们之间的偏差究竟在什么地方。这样的倾听越早进行，损失就越小。我所了解的情况是，很多公司的项目从建立到失败，这种倾听从来就没有进行过。

　　通过倾听，了解你们之间的理解偏差后，再问问问题背后的问题，比如他为什么是这么想的？有什么样的依据？最后你可能会恍然大悟，他是对的，你是错的。要知道灵感大概率在现场，在一线。

　　如果你是对的，他是错的，你还能通过提问知道他错误认知背后的支撑是什么。知己知彼，百战百胜，相反，僵硬的批判，只会让关系僵化。

听和问能够让你掌握更多的信息，这样你就可以深入分析，这个人是否真的匹配这个岗位。不匹配就赶紧换人，在错误的道路上努力，越努力越失败。如果大方向匹配，细节上有偏差，赶紧进行纠偏，给予资源和帮助，助其成功。

未来的公司，渐渐都会成为创业者平台，来帮助年轻人成功。老板们都将是投资人的角色，在大目标上甚至可以独裁，但在执行的大方向上，在选对人的基础上，应当用科学的方法，给人才机会、资金和时间，以达到双赢。

如何要求团队追求极致

做企业，方向确定后，团队打造就是首要问题。我专注于辅导企业去打造一支以目标为导向的高绩效核心团队。

有目标的公司千千万万，为什么大家完成目标的水平千差万别呢？

答案就在细节中。

团队日常完成每一个任务的态度，决定了产出质量。希望团队又好又快地产出，是管理者共同的诉求，但在要求团队上，管理者有两大难点：一是怕自己的高要求引起团队的反感；二是不知道在要求团队高效产出上，最好的标准是什么。

张一鸣是一个在细节上严要求的管理者，据说他会关注到茶水间的企业文化传播的方式，还会关注到公司瓶装水的VI（视觉识别）设计，并用维护系统的方式，来解决问题。

从目前字节跳动的成就来讲，他的方法应该是被阶段性验证了。下面我们就张一鸣的案例，来跟大家梳理一个方法论——如何要求团队更好地产出。

1.
严格要求，为结果负责

张一鸣只是一个普通人，在严格要求团队产出、给人压力这件事上，或许他也曾经有过忐忑。有一天，他在思考这个问题：

之前的老板都对我不太苛刻啊，否则我当时能做得更好。当然很可能是他们认为，已经做得很好，太苛刻人就跑了，其实对于会自我驱动的人是不会的。

以己度人，他的结论是，**能自驱的人是不会反感苛刻要求的**。字节从创立那天开始，就非常注重人才质量。

决策的坚定，需要多信源佐证。在对团队严格要求、不流于平庸这个问题上，《史蒂夫·乔布斯传》也给他启发，他说：

"花了六个月看完kindle上英文版《史蒂夫·乔布斯传》前半本，昨天花了六个小时在iPhone上看完了中文版的后半本。实话说，我被震惊了：乔布斯不是完人，毛病很多，但在对平庸的极端不容忍和对卓越标准的极度追求，以及因此而做出的牺牲上，好到令人却步。"

善于让团队挑战高标准，是一个优秀管理者的必备素质。如果你畏惧这件事，走不出这个"心理关"，不仅会让公司趋于平庸，还会耽误人才的个人发展。我们继续来看看，张一鸣是如何具体要求团队追求极致的。

2.
把事情做满是自我安慰

我根据张一鸣的相关素材，进行综合归纳，发现他在要求团队如何做事这件事情上，有五个明显的境界定义，先揭晓前两个做事的境界：

"将事情做满，还是将事情做好，其实是很不一样的。我们容易看到将事情做满，但是容易忽略把事情做好。"

总结提炼一下：第一个境界是做满了，第二个境界是做好了。

我们在公司里常常听到这样的上下级对话：

上级指责下级："那份工作已经安排了很长时间，为什么没有做？"

下级满怀委屈地争辩："我们已经做了这个，已经安排了那个，工作已经在推进中了……"

在这段对话中，上级（姑且不管他的问题所在）要求的是效果，而下级辩解的是过程。没有效果的过程，只能算把事情"做满了"。如果这种没有效果的"做满了"公司也买单的话，那么公司将会充满了"没有功劳，也有苦劳"的论调。

即便公司买单，市场会买单吗？市场不会。客户和用户的钱都是血汗钱，钱要花在刀刃上，有比你更优的、更能把事情做好的服务商，为什么要把钱投给你？就因为你更会博得老板和同事们的谅解？

就此打住吧，别去争辩了，赶紧想一想如何把事情做好。正如张一鸣所说："做不好的就别做了，要做就必须做到非常好。"

3.
还可以比"做好"更好吗？

能把事情做好，已经是难得的人才了。但如果想在市场上出类拔萃，做好还不够，毕竟努力的人那么多。看看张一鸣接下来提到的两个"做事的境界"要求：

"不但做了，而且做好了，还要每天问问自己哪里做得有新意。

更重要的是把关键问题真正做得有效果，make difference[①]。"

提炼一下，即：第三个境界是有没有"新意"，第四个境界是 make difference。

你今天做好了，明天市场就赶上来，且用户的需求是在不停成长的。如果想保持竞争力，每天都要问问自己，你要怎样做到更好？

俄罗斯方块这个游戏告诉我们，成功会消失，错误会累积。如果想把错误迭代掉，就要不停地制造新的成功，游戏才能持续。

要做到有新意，有一个方法论，那就是你还可以有什么不同。张一鸣在抖音爆火之后，曾经回答过一个记者的提问。记者问他，抖音并没有太多创新，短视频的模式一直都有，为什么抖音能在国内外抢

---

① 意为：制造不同，创造非凡。

占这么多市场？

　　张一鸣的其中一个答案的大意是，抖音的不同之处在于，我们跟本土结合得很好。

　　基于严苛的自我要求，做好，做到有新意，然后在一个突出的点上做出不同，你的努力就会显现出来，发挥作用，你就能乘风破浪。

4.
好，由谁评价？

　　劳动创造的成果由谁检验？你一定认同张一鸣的这句话：只有让你的用户都很好地体验到了，才是完成好了！

　　第五个做事的境界是：用户体验好，才是真的好。

　　如果牢记这句话，公司就能少吵很多架。

　　很多公司吵架的场景是这样的：

　　市场部：根据市场传播的需要，我认为是这样的……

　　产品部：产品逻辑不可能按照你市场部的要求来……

　　领导：我的成功经验是，你们应该……

这个时候，谁还能想起来，用户到底需要什么。

如果大家的主观愿望都重于用户，做出来的是你市场部、产品部、领导自己的产品，那将有可能导致用户体验很差。即便你们把事情做了，做好了，做出新意了，还意淫出与众不同的引爆点来，最后用户不买单，一切都白瞎。

5.
张一鸣本人的做事态度

以上五个做事的境界的要求，都归结到了字节跳动的企业文化里，即"追求极致"，意为：不断提高要求，延迟满足，在更大范围里找最优解；不放过问题，从本质出发，持续学习和成长。**任何企业文化都来自企业自身对过往良好行动的提炼。**

最后，我们来看看年轻时的张一鸣自己是如何做事的。

据公开的资料报道，2005年，大学毕业的张一鸣加入酷讯，当年的酷讯对于人才的要求高，跟他同期入职的就有两个清华计算机系博士，他不算背景最好的。但一年后，张一鸣就从普通工程师，被提拔为管理全部后端技术以及部分产品工作的主管，管理四五十个人。

　　为什么他成长得这么快？这跟张一鸣的做事方法有关系。他说：

　　"我工作时，不分哪些是我该做的，哪些不是我该做的。我做完自己的工作后，对于大部分同事的问题，只要我能帮助解决，我都去做。

　　"工作前两年，我基本上每天都是12点、1点回家，回家以后也编程到很晚。确实是因为有兴趣，而不是公司有要求。

　　"我负责技术，但遇到产品上有问题，也会积极地参与讨论，想产品的方案。很多人说这个不是我该做的事情。但我想说：你的责任心，你希望把事情做好的动力，会驱动你做更多事情，让你得到很大的锻炼。"

　　打工时，全力以赴做事；创业后，也是全力以赴做事。创业后有一次，他的身体出了点小问题，有一定的必要性去做手术，但也可以不做。

　　那么这个手术做不做呢？除了研究相关医疗资料，张一鸣的另一个决策依据是影不影响当天晚上的加班。

　　"今天本来要做人生第一个手术的，医生说：'可做可不做，建议做，一个小时内就能做好，晚上可以继续加班，不影响。'"

字节跳动的良将们以及四个亮点

公司想要发展，个人想要发展，目标是载道之器，没有明确目标的组织和个人，即便聪明伶俐，一身干劲，恐怕也只是瞎忙，小事聪明，大事糊涂。

而公司想要达成目标，人是第一关键。

张一鸣的灵魂一问：同一方向下几家公司是如何逐渐拉开差距的？

答案显而易见。

"人"的重要性，是企业家们的共识。马云认为战略确定后，最重要的事情就是配上最佳的人选。而柳传志的"搭班子，定战略，带队伍"的九字箴言，也传达出了这样一个朴素的道理：你有什么样的人，决定了你有什么样的战略。

在左林右狸对字节跳动早期团队史的描述中，有这样一则故事：

2012年，张一鸣打定主意要做推荐引擎，内部开会，一开始团队是不同意的，理由是现有团队没有这个基因，没有这个能力。

这个场景跟很多公司的战略会很像，老板有一个突破性想法，征求团队意见，团队一般会这么回答："听不懂""保留意见""不支持"。但也没有有效信息补充。随后老板非要把一个大家不认可的东西，交给现有的团队执行。

这属于常见的发展僵局。

最后如果别人做出来了，你们失败了，不能怪团队，还是老板自己的认知没有到位。如果你认定这个战略，就应该想尽办法，一站到底。

面对同样的情况，张一鸣的做法是，自己率先去学习，随后通过人脉关系，找到奇虎360的创始员工曾强，说服对方入职。曾强入职一年，主要是帮今日头条招人。这样打了一个基础之后，张一鸣又把"财神"张利东请了进来，有了技术基础、资金之后，再引入技术精英杨震原，自此，今日头条的发展一骑绝尘，"护城河"初成。

没有这一拨人的操作，也不会有后来的字节跳动。**人对了，事才能对**。做老板最应该做的，就是在公司的战略之下，找到正确的人，帮助他成功，他成了，公司也就成了。

人和人其实差别不大，除了某些特例，大部分人不管男女都是一米多高，一百多斤。但人和人之间的差别又是巨大的，因为天赋、教育背景、经历和思维方式的不一样，有的人就是能创造"不可能"，而有的人总是缺乏想象力和执行力。

2012年，当张一鸣决定创业的时候，他的战略方向已经想好了——提升信息的流动效率。酷讯、饭否和九九房的创业经历，让他明白了团队很重要，优秀的人很重要。

战略很重要，但是团队也相当重要。张一鸣说："我自己是有切身体会的。酷讯和去哪儿竞争，方向很清楚，但是差距越来越大。当年海内和开心竞争，海内对开心的数据产品也很了解，可惜就是眼睁睁地看着对手从产品到推广上节节胜利。回到现在的团购网站，模式非常简单，也没有什么门槛，但是也能拉开这么大的差距。"

基于这样的认知，他开始搭班子。

第一个亮点：原班人马又猛又持久

2012年加入的梁汝波、陈林

2013年加入的张利东、张楠

2014—2015年加入的杨震原、谢欣、华巍

以上字节的原班人马，现在依然没有掉线。之前他们撑起了从100

人到500人的进阶，支撑了6000人到2万人的进阶，现在他们继续支撑10万人团队的进阶。

梁汝波，张一鸣的南开大学室友，技术的实力担当，两人曾经相约一起创业。2009年，张一鸣创办九九房，他如约而至。2012年，当张一鸣创办今日头条，他又跟随。他曾经主导过飞书的早期开发，也曾经隶属于人力资源板块，跟谢欣汇报。而现在谢欣主抓公司的效率工程，他接谢欣的班，主抓公司的人力资源。

陈林，曾经的创业者，北大硕士，因为相信张一鸣，所以在今日头条创立之初就选择加入。在收入方面，只要生活费，选择高股票，这说明他在一开始就对公司的未来想得比较清楚了。当时他入组是跟今日头条的产品总监黄河（后离开）汇报，六年后，他升任为今日头条CEO，现在他担任字节争议最大、任务最重的教育业务——Zero事业部的负责人。

张利东，《京华时报》原副总裁，业界认为，字节的估值从5亿增长到50亿美金这个阶段，他的作用很大。张利东的成长性还不错，如今，他担任字节跳动中国区董事长。

张楠，一名曾经的独立创业者，2013年其公司被字节收购，她加入字节后，因抖音成名，七年后，担任字节跳动中国区CEO。

华巍，复旦学物理的，原来是做VC[①]的，一度主抓字节的人力资源工作。很多人很好奇张一鸣的用人逻辑：学物理的、VC背景，能搞好人力吗？字节内部的解释是：**做人力工作和做投资工作是一个逻辑，都是找到最优秀的人，然后把钱和机会给到他，助他成功。**

杨震原，曾任百度大搜索副总监，字节跳动被誉为最勤奋地从百度挖人的公司，而杨震原是其中非常重要的战果。杨震原的加入，让字节的推荐引擎的"护城河"更加夯实，也因为这种技术精英型人物的加入，吸引了更多技术牛人的加入。

谢欣，曾经是张一鸣的酷讯老领导，CTO。2014年，张一鸣把谢欣挖过来担任HR。对于一家技术公司，CTO担任HR是有好处的，他知道公司需要什么样的人才，他知道好的人才是什么样子的，他知道人才在哪里。

人才和物品一样，也是会折旧的。很多公司因为高层的过时，在公司第一个业务成功，以及团队规模过百之后，公司的组织效能就紊乱了——老人不继续成长了，新人成长不起来。

这个底层的原因是，初次创业者往往会有一个认知，优秀的人找不来，那就身边有什么人就邀请什么样的人，最好是"傻白甜"，能听我的，能干脏活苦活的。最后你会发现，如果你身边都是这样的团

---

① Venture Capital的缩写，意为风险投资。

队成员，公司就会形成一个惯性——就老板一个人能思考。加上无人制约和抗衡，信息无法从底层往上传递，老板的思考质量也很难高到哪里去。

第二个亮点：人才的跨界发展

梁汝波作为二号员工，可以进入到公司的边缘部门去做协同工具的开发，开发到一定程度，说交出去就交出去，也可以来担纲人力资源工作，非常灵活。

谢欣可以从人力资源工作，调整到负责企业效率工程。

严授原来负责公司的战略与投资，现在转到游戏行业。

陈林一直是一员猛将，曾经在今日头条担纲大任，如今在教育领域探索。

华巍也曾负责过公司的人力资源，现在主抓战略研究。

老人能做到不在旧阵地上贪功，能够继续"捅破天"，持续成长，是企业长期发展的发动机。

第三个亮点：该走还得走

字节跳动是一家公司，做公司该面对的问题，大家都得面对。

一开始只是有一个战略目标，随后开始搭班子，摸着石头过河。这一路字节跳动也走了不少人，如早期的产品总监黄河，帮助字节搭建早期推荐引擎技术团队的曾强。

不一定所有人都能理解你的目标，对方可能一开始糊里糊涂听懂了，等做着做着，慢慢感觉到：不对啊，这不是我想要的梦想，这样的工作方式，也不是我喜欢的。不是所有人都会选择相信，也不是所有人都能跟下来。

我的团队因研究目标管理体系的落地情况，在不断解剖字节跳动的组织发展的同时，不断有小伙伴跟我们私聊字节跳动内部也有低效的地方，尤其是现在到了近10万人规模。这种对于组织的吐槽甚至扩展到了其他大公司，比如腾讯的效率问题、百度的价值观、阿里的未来走向……

创业，问题不是最关键的，关键是有解决关键问题和持续发展的动力与能力。

第四个亮点：字节的价值观正在发芽

价值观不是口号，价值观是让一家公司的人才能够源源不断长出来的底层支撑。

字节跳动的良将们来自五湖四海，背景不一，这在很多公司都可能会成为互相之间产生矛盾的诱因。比如说，北京的看不上上海的，技术的看不上商务的，创业的看不上支撑部门的。如何在一定程度上化解这些矛盾？

一是人才真的足够优秀，谁也别浑水摸鱼。聪明人最怕身后有一群笨蛋。

二是有一套价值观能够发挥作用，让大家按照一定的规则行事，形成组织习惯，大家能够相互信任。

能够把这群顶尖的、多元的人才凝聚在一起，可见字节的价值观正在发芽。随着组织规模的扩大，内生出来的人才也能顶上来，扛住一波又一波的外在压力，那就叫价值观真的成形了。

未来，挑战很大，机会也很多。

图书在版编目（CIP）数据

字节跳动目标管理法 / 李阳林著 . -- 长沙：湖南文艺出版社，2021.12
　　ISBN 978-7-5726-0427-0

　　Ⅰ.①字… Ⅱ.①李… Ⅲ.①网络公司—企业管理—目标管理—中国 Ⅳ.① F492.6

中国版本图书馆 CIP 数据核字（2021）第 210939 号

上架建议：畅销·企业管理

ZIJIE TIAODONG MUBIAO GUANLIFA
字节跳动目标管理法

作　　者：	李阳林
出 版 人：	曾赛丰
责任编辑：	刘雪琳
监　　制：	于向勇
策划编辑：	布　狄
文案编辑：	王成成　柳泓宇
营销编辑：	段海洋　王　凤
版式设计：	李　洁
内文排版：	麦莫瑞
封面设计：	利　锐
出　　版：	湖南文艺出版社 （长沙市雨花区东二环一段 508 号　邮编：410014）
网　　址：	www.hnwy.net
印　　刷：	北京天宇万达印刷有限公司
经　　销：	新华书店
开　　本：	680 mm × 955 mm　1/16
字　　数：	197 千字
印　　张：	19.5
版　　次：	2021 年 12 月第 1 版
印　　次：	2021 年 12 月第 1 次印刷
书　　号：	ISBN 978-7-5726-0427-0
定　　价：	68.00 元

若有质量问题，请致电质量监督电话：010-59096394
团购电话：010-59320018

使命必达!!!

"哈哈哈"

舵舟

FR

沉淀牛人目标达成的方法论